日韓比較

マニフェストで自治・国政は変わったか

曽根泰教
日韓交流国際学術大会実行委員会［編］

東信堂

目　次／日韓比較―マニフェストで自治・国政は変わったか

日韓比較——マニフェストで自治・国政は変わったか

第1章　マニフェスト政治を読み解く――はしがきに代えて

曽根泰教VS松沢成文　対談

――二〇〇九年八月三〇日に総選挙が行われました。「マニフェスト選挙」という観点から、現在、この総選挙をどのように評価していますか？

松沢　マニフェストに掲げられた「政策の選択」というよりは、「政権の選択」という色彩が強かったのではないでしょうか。より突っ込んでいえばこれまでの政権党の「責任力」に有権者がＮＯを突きつけたということでしょう。ただ、マニフェストに意味が無かったということではありません。チャレンジャーであった民主党のマニフェストは、自民党の政権運営や政策に対する「アンチテーゼ」として旗色を鮮明に打ち出しました。その結果、選挙において激しい政策論争が起きたわけです。ただ、自民・公明両党が民主党に対するネガティブな批判に終始したのは、政権党としては厳しく姿勢を問われる結果につながってしまったのでしょう。

曽根　まさに本格的な「政権選択の選挙」となりました。政権党に対する厳しいペナルティが下って政権交代が実現したわけです。マニフェストとの関連でいえば、過去四年の実績がトータルに評価されたと見るべきです。今回のマニフェストで、ある政策では自民党の政策が優れていても、「今までできなくて、これから出来るといえるのか」という厳しい批判に答えられなかったのです。民主党が単独で過半数をはるかに超える三〇八議席を取りました。野党が総選挙で多数を取って政権を獲得するという当たり前のことが起きたのですが、それは日本の政治史では特筆すべきことなのです。今後、政権交代が普通に起きるでしょう。小選挙区制が導入されて一五年を経て、政権を総選挙で選択するという選挙制度本来の意義が確立できたと評

松沢 成文

価してよいと思います。有権者が政権選択という新たな「ルール」を身につけ、マニフェストを参考にしながら自らの選択に基づき投票したという点で、有権者が生み出した変革と位置づけることができます。

松沢　政権交代の結果として、日本の戦後政治の旧体制、アンシャンレジームが崩壊したと見ることができます。まず、選挙において、有権者が「選択権」を持っていることを明確に自覚するようになってきました。さらに政権交代を契機に、長年続いた「政・官・財の鉄のトライアングル」が崩れ去り、パラダイムシフトが起きるでしょう。このシフトは、これまで対処したことのない問題や前例なき世界へ立ち向かうための新たな政治を生み出す「創造的破壊」となすべきだと考えています。

曽根　小選挙区制による政権交代、それに伴って「政治主導」の政策決定システムに転換するということは政党、政治家、官僚、有権者など全般の変化を起こし、「日本の政治ガバナンス」の変革に波及すると言えるでしょう。日本の針路を決める意思決定の権限と責任は、まず有権者にあること、そし

曽根 泰教

てマニフェスト選挙を通じて、政権が実行すべき政策を約束し、その実現の権限と責任を政党と政治家に信託するという民主政治の基本構造がようやく日本に現出したわけです。マニフェストを実現するための政策決定過程にするというロジックを民主党はとっています。

――これまで、マニフェストを提唱され、あるいは実践されてこられた経験を踏まえて、その成果をどのように捉えていますか？

松沢　私は政治改革を実現するために政界を志したと言っても過言ではありません。私事にわたりますが今年の八月七日に逝去された田川誠一先生には、学生時代から健全な政治のあり方について薫陶を受けてきました。私の信念は、「政治を変えるには、政治家を変えなければならない」「政治家を変えるには、選挙から変えなければならない」ということです。

政権交代が可能な二大政党制を目指して、民主党の結成にも参加してきたので、今回の政権交代は大変に喜ばしいことです。今度は、逆に、自民党にがんばっていただき、健全に政権交代が進むような緊張感のある国政を実現していただきたいものだと期待しています。

さて、私自身は二〇〇三年の知事選の際に、「政治を変え、選挙を変えるために」マニフェストを導入したわけです。その結果、政治・行政のあり方が大きく変わりました。さらに、私は、マニフェストによって有権者の皆さんが変わってきたと肌で感じています。今回の総選挙でも、有権者が変わったからこそ、政治が変わらざるを得なくなったのです。

曽根　二〇〇三年の統一地方選挙の際に、松沢さんを含む一四名の知事候補者がマニフェストを掲げて選挙を戦いました。これが日本におけるマニフェスト選挙の始まりです。その後、二〇〇七年の地方選挙で二回目のマニフェスト選挙を経験しました。国政では、二〇〇三年、二〇〇五年、そして二〇〇九年と三回の総選挙と二〇〇四年と二〇〇七年の参議院議員選挙を経験してきました。このようにマニフェスト選挙が地方選挙から国政選挙へと展開してきたことは注目に値するものです。

松沢さんがおっしゃるように、選挙を変えるために日本ではマニフェストが必要だったのだと思います。実は、韓国においても選挙を変えるためにマニフェストが登場してきたのです。以前の選挙の際には、不適格な政治家は選ばないようにしようとする「落選運動」というネガティブ・キャンペーンが展開されたこともありました。その後、否定だけではだめだということから、日本における実践を参考にしながら、政策を中心としたマニフェスト選挙が導入されていったわけです。こうした意味から、マニフェストはポジティブな形で政治改革を実現していく「ツール（手法）」であると言えます。また、韓国においても地方から国政という展開をたどったことは興味深いことです。

松沢　マニフェストは政治改革のツールであるとの曽根先生の指摘はその通りです。ツールであるからこそ、使う側にも「技術」が必要とされます。マニフェストを作る側の政治家や政党にも技術が求められますし、有権者の側にも技術が必要なのです。マニフェストを読み解く判断力や政治家を選別する眼力を訓練し養っていく必要があるのです。私は「民主主義の成熟には教育が不可欠だ」と考えています。そのためには青少年の時期から、「シチズンシップ・エデュケーション（良き市民となるための教育）」をきちんと用意することが肝心なのです。その中心となるのが学校内での「模擬投票」の経験です。現実の選挙に合わせて、教育の一環としてマニフェストを読み、選挙公報や新聞を読んで、投票の模擬体験をするのです。こうした経験を積むことで、マニフェストを使いこなす技術を身に付け、同時に若年層の投票率アップを図ることになると思います。

曽根　マニフェストの訓練という点では、地方と中央におけるマニフェスト選挙の実績が積み重ねられることで、実地訓練ができてきたと思います。総選挙では今回三度目のマニフェスト選挙で、ようやく政権選択の実効があがったと見ることができます。有権者、政党や政治家、マスコミなどもそれなりに技術が身に付いてきたというところでしょう。今回の各党のマニフェストの出来は必ずしも手放しで高く評価できるものではありませんでした。もはやマニフェストを書けばいいという時代は終わって、出来のいいマニフェストを作っているかどうかが評価される時代にはいりました。各党のマニフェストに対するマスコミの取り上げ方も、本格化してきました。世論調査でも、マニフェストや政策を投票の際の最優先の判断基準としているという有権者は着実に増えていると言えます。

ただ、一点、日本において訓練と改革が立ち遅れているのは公職選挙法ではないかと思います。これまで、私たちはマニフェスト選挙の実現と充実・進化に向けて、幾度となく公職選挙法の改正を迫ってきました。ご存知のとおり、日本の公職選挙法は、「あれもだめこれもだめ」の制限ばかりであります。金権選挙などの悪弊は断つべきことは当然ですが、もはや日本の公選法による「規制」はあまりに時代遅れです。例えば、ＩＴによるコミュニケーションの時代に、インターネットや電子メールで選挙に関する情報の受発信について昔ながらの文書図画と同列の規制を行っているのは日本くらいなものです。なによりも、公選法による規制の撤廃が急務だと思います。この点、既に韓国では中央選挙管理委員会が中心となってマニフェスト選挙の推進を図るという実績を作っています。インターネットなども活用しながら、自由闊達な政策情報が交換できる選挙活動が展開されることで、有権者はより実践的にマニフェストの技術を練磨することができるのではないでしょうか。

――今後、マニフェスト選挙を経て、政治はどういう方向に進めばいいのでしょうか？　あるいは民主政治はどのように進化すると見ていますか？

曽根　マニフェストは単に紙に書かれた文書ではありません。それが政策として実現されて初めて意味があるものです。今後、政権政党は責任をもってマニフェストを実現しなければなりません。そのためには、内閣と政党、さらに官僚組織との間でマニフェストの実行体制を構築する必要があります。

もちろん、国会の中での審議のあり方を含めて、国の政策決定過程の仕組み、すなわち「ガバナンスの再構築」が求められているのです。

マニフェストにおける個々の政策の実現は当然ですが、「約束を守る政治」を実現するという、いわば「失われた民主政治の復興」という使命がこれからの政権政党には課せられているのです。

松沢　曽根先生が言われるように、国政においては「政治のルネサンス」が期待されていると言えます。マニフェストは選挙時だけの道具ではありません。私は、「マニフェストは政策の情報公開だ」と言ってきました。選挙後は、政策を実現し、その進捗状況や成果を評価し、発表して、きちんとどこまで政策が進捗しているかを有権者にフィードバックしていくことが肝心です。有権者はその評価情報の公開をもとに、政治をチェックすることができるようになります。ここでも有権者中心主義が大切だと思います。有権者にも政治をチェックする責任があるのです。もちろん政権政党や首長は、進捗が思わしくない政策があれば必死になってこの実現に取り組まなければなりません。そして、任期が終わり次の選挙の際には、その間のマニフェストの実績を評価・検証して、有権者はその候補者なり、政党に投票するか否かを判断することになります。

このように、政治にもＰＤＣＡ（Plan-Do-Check-Action）の「マニフェスト・サイクル」というビジネスモデルを導入することが最も大切なのです。この点、地方ではかなり真剣にサイクルの実現に努力してきました。しかし、前二回の総選挙を経た後の政権政党では、このマニフェスト・サイクルの実行は不十分でありました。今後の政権政党には積極的かつ真剣にサイクルの実現を期待したいと思います。

曽根　マニフェスト選挙に関しても改革はこれからです。二〇〇三年に始まってまだ六年です。さきほど指摘したように小選挙区制が導入されてから一五年かかって、ようやく有権者や政党・政治家が制度の意図を理解して行動するようになってきたのです。制度がその成果を生むのには一定の経験と時間が必要なのです。これは、日本だけではなく、韓国でもアメリカでも、政治改革、経済改革、そして人々の意識改革まで、不断の挑戦が求められているのです。

幸いマニフェスト改革に関しては、日本国内の地方政治、国政においてだけなく、韓国の地方政治と国政においても展開されています。これは政治改革の挑戦を競い合い、学び合う相手は事欠かないということを意味しています。こうしたマニフェストを契機にした「政治のインフラ改革」が、今後、さらにアジアへ世界へと拡大・伝播していくものと期待しています。

松沢　今回の政権選択の結果、利権中心の「政・官・財のトライアングル」は崩れ去り、それに代わって政策やビジョン中心の新たな「知のトライアングル」を構築していく必要があります。中央集権型の行財政システムから地方分権型国家への大きな転換も起きてくると思います。あるいは、国際社会における日本のあり様にも変化が生じてくるでしょう。

マニフェスト政治は「未来志向」であると同時に、徹底した「現場主義」に裏打ちされなければならないと考えています。日本国内はもとより世界各地で起きている深刻な「社会問題」や「ソーシャル・エクスクルージョン（社会的排除）」に立ち向かうことが政治の責任です。

そして、「政治改革に終わりなし」です。マニフェスト・サイクルによって政治自体を改革し、進化させなければならないのではないでしょうか。

（二〇〇九年九月）

第2章　日韓ローカル・マニフェストの評価と展開

1　神奈川県におけるマニフェストの実践

神奈川県知事　松沢成文

選挙が候補者と有権者を育てる

マニフェスト改革についての私の考え方をお話しいたしますが、その前に、先般、ワシントンDCに赴きまして、オバマ大統領の就任式に参加させていただいたので、そのことについて少しお話ししたいと思います。招待客の中で日本人は駐米大使の藤崎さんと私だけだったと聞いております。アメリカの人種の壁を越えた初めての非白人の大統領の誕生という歴史的な場面に立ち会うことができて大変光栄に思っております。

その中で、私も以前からアメリカの政治を少し勉強しておりましたので、今回のオバマ大統領がどう

松沢　成文（神奈川県知事）

1982年、慶應義塾大学法学部政治学科卒業、財団法人松下政経塾入塾、1987年卒塾。神奈川県議会議員、衆議院議員を経て、2003年より、神奈川県知事（現在2期目）。

著書：『実践　マニフェスト改革〜新たな政治・行政モデルの創造〜』（2008年）、『破天荒力　箱根に命を吹き込んだ奇妙人たち』(2007年)、『実践 ザ・ローカル・マニフェスト』(2005年)、ほか多数

いう選挙戦を戦って大統領にまでなったか、私なりに調べてみました。オバマ大統領は二年前に立候補声明をして、それから大変厳しい予備選挙を戦いました。大本命とされていたヒラリー・クリントン女史との大激戦を制して民主党の候補者になり、そして共和党のマケイン候補との選挙戦を制して、初めての有色人種大統領になったわけです。

そもそも、その選挙については、今の科学的な進歩を考えれば、ＩＴの時代ですから電子投票だってやろうと思えばできるわけです。テレビ討論か何かを一回か二回やって、インターネットでマニフェストを公表して、「さあアメリカ国民のみなさん、誰を大統領にしますか、ボタンを押して投票してください」とやれば、この科学技術が発展した時代、おそらく一週間でアメリカの大統領選挙は効率的にで

きるのではないかと思います。ところがこの時代にあっても一年、あるいは予備選を含めると二年間かけて、アメリカは徹底した選挙戦をやって大統領を選ぶ。なぜそういうことをやるのか。

私は何人かのアメリカの政治の専門家に聞いたことがあるのですが、「アメリカという民主主義国にとっては、選挙が政治家を育てるのだ」というのです。それだけではなく、「この選挙という大イベントが国民を育てる。だから民主主義国アメリカとしては選挙というものを徹底してやっていく。このプロセスがすごく大事なのだ」と言われましたが、私は非常に感激しました。

二年間、最初は予備選挙ですが、ネガティブ・キャンペーンにも耐え、マスコミからのさまざまな質問、批判に耐え、世論の動き、あるいは相手候補からの中傷、攻撃、ディベートを徹底的して戦い抜いていく。それも一カ所だけではなく各州でやるわけです。それでようやく民主党の候補あるいは共和党の候補になる。そして最後の二ヵ月、三ヵ月は民主党と共和党の候補者同士の戦いです。テレビ・ディベートも何回もある。終わると世論調査の結果がすぐ出てくる。また、評論家にあれこれ評論される。それに耐え、必要であれば反論し、そして国民の支持を集めて大統領になっていくわけです。

私は二年前のオバマさんと、今回大統領になって見事な演説をされたオバマさんとは、政治家としてかなりの開きがあると思います。それは二年間、彼が選挙というプロセスによって政治家として何倍にも成長した証だと思うのです。有権者のほうもそうです。おそらく黒人をはじめとする支持者の皆さんは、最初は「もしかしたらいい戦いをするかもしれない」と思ってオバマさんを応援したのでしょう。

ところがクリントンさんに勝つまでに至って、「ひょっとしたらこれは大統領だ」、「みんなで応援しなきゃ」といって多くの人に支持を求めていくわけです。

今回は、若い人のレジスター（選挙人名簿への登録）がたいへん多かったのです。このアメリカの政治や経済の停滞を変えるには自分たちが動かなければならないと感じて、政治に参加しようと、若い人や黒人がみんなレジスターしていった。そして選挙に行った。寒い中、投票所に三時間も並んでも投票したといいます。そうやって国民が、政治に対する意識を変えた。有権者は選挙というプロセスを通じて政策を勉強し、候補者は批判に耐え、そして人心を掌握するためにさまざまな努力を積み重ねることによって大統領が誕生してくる。やはりアメリカというのはそういう意味で民主主義の実験国として、すごい力を持っていると、オバマ大統領の就任式に出て感じました。

選挙のあり方が当選後を決める

民主政治の基本というのは選挙なのです。選挙を効率だけで考えたり、有権者を適当にだまして当選すればいいという考えでいたら、民主政治というのは絶対成長しない。そこで、どうにかして日本の政治を変えよう、そのためにはその入口であって、最も重要な選挙から変えていこうというのがこのマニフェスト改革運動だと私は理解しています。

実は私も国会議員を長く（一〇年）やっておりました。知事選挙に出るときに周りの方から慰留や反対もされたこともありました。しかし、私は、国の政治がなかなか変わらない中で、この国の政治を地方から変えていくべきだと考えたのです。地方がどんどん変われば、その総体としての国は変わらざるを得ない。そうした意味で、もう一度地方から挑戦しようと神奈川県知事選挙に六年前に立候補したのです。

私は、地方政治を変える。そうでないと日本の国の政治も変わらない。そして、政治を変えるためには、その入口である選挙から変えなければダメだと考えました。旧態依然のやり方のままの選挙で当選して、「ハイ今日から私は政治を変えます」と言っても不可能です。入口である選挙から変えなければだめなのです。

当時、また、今でも政治のプロの方に相談すると、大きな選挙を勝つには、まずは「お金をどれだけ用意できるのか」と言われます。「神奈川県知事選の有権者は七〇〇万人以上だぞ、金を使わなきゃ勝てるわけはないだろう。小さな選挙と違うんだ。金はいくら集められるのか」という話になるのです。それから組織です。どれだけの組織が付いてくれるのか。財界は味方してくれるのか。宗教界はどうなのか。労働組合はどうなのか。そんなことばかりに思考がいくのです。さらに最近の選挙では、勝つ候補をつくるには、知名度のある候補がいいということになるわけです。元タレントの方もいます。とにかく短い選挙期間で敵に勝つには圧倒的な知名度のある人を探してきて候補者に据えようとします。

こうした話に終始して、一番大切な政策が忘れられているのです。「政策なんかどうでもいい。あとからおれたちが考えてやる。あなたは輿《みこし》に乗っていればいいんだ」というのが、旧来の選挙のプロたちの発想です。これでは民主政治で政策が根付いてくるはずがありません。そこで私は知事選に出るに当たって、まずどこの政党からも推薦は受けないことにしました。政党におんぶに抱っこで選挙をやって、お金も出してもらう、スタッフも出してもらう、事務所も用意してもらう、政策もつくってもらう。そうして選挙をやれば、当選したあと、政党にお伺いをたてなければ何の改革もできない。そういう「しがらみ」だらけの知事になってしまうのです。

私は政党がすべて悪いとは言いません。政党は民主政治の中で重要な存在です。ただ、今の政治を見ていると、どうも政党が利益団体化してきてしまっている部分があることが否めない。そうした意味で、私は自分の政策で有権者に訴えて、そして知事にならなければ改革はできないと思ったのです。ですからお金もすべて自分で集めました。スタッフも全部自分で集めました。そして一番大切な政策も全部自分でつくりました。一人ではできませんから、もちろんアドバイザーと一緒につくります。ただ、自分が中心となってスタッフを集めて政策をつくっていく。これが重要なのです。資金も団体献金に頼り過ぎるのはよくないでしょう。これをもらい過ぎるとそこにお伺いをたてないと改革ができなくなってしまいます。

話はそれますが、オバマ大統領とブッシュ前大統領の最大の違いは、選挙のプロセスでのお金の集め方です。ブッシュさんは産業界、石油業界、自動車業界から、たっぷり献金をもらってキャンペーン・ファンド（選挙資金）をつくっていました。そうなると環境対策で自動車排ガスの規制をやれるかというと、カリフォルニア州からはやるべきだと言われても、ブッシュさんは、排ガス規制をしたら石油業界と自動車業界は大変だ、そこまではできないと言って逃げてしまうわけです。

ところがオバマさんはほとんどが個人献金です。あそこまで人気が出ると個人献金も集まってくるのです。あるいはオバマさんならではなのかもしれませんが、みな一〇ドル、二〇ドルと献金する。就任式の時、私の近くにいた若い方も、自分も一〇ドルの献金を三回やったよなんて胸を張っていました。そのようにして小さな献金がどんどん集まって選挙ができ、勝ったのです。ですから彼はそうした一般の国民のための政策を打ち出し、改革することができるのです。排ガス規制についても、いち早く連邦政府でもやっていくとバシッと出しました。これからの選挙では、こうしたお金の集め方と政策が重要だと思います。

マニフェストサイクルの重要性

私もマニフェストとして三七本の政策をつくって一期目の選挙を戦いました。おかげさまで勝たせていただきました。しかし、前段では、選挙の重要性ばかりを強調しましたが、マニフェスト改革を進めていく上で重要なのは、第一段階は選挙ですが、第二段階は、選挙で掲げたマニフェストの評価です。マニフェストをいかに実現したかということを毎年外部にも評価してもらい、自分でも自己評価をし、それらを公表していく。そしてマニフェストで約束したことについて一年目でここまではやれた。二年目ではここに問題がまだ残っている、というように評価をし、さらに三年目、四年目も続けて、すべてを公表する。そのことによって有権者のみなさんは、自分が選んだ知事が、あるいは市長が、あの選挙の時のマニフェストで約束したことをどこまで進めているかを毎年チェックできるのです。

それによって、有権者も政策について勉強する。単に選挙で投票した首長にお任せではなく、投票したあとも、四年間の任期でどこまでやっているかということを見ていく。「あなたが約束した政策について、必ず報告してください。私たちは見ています」という有権者の姿勢です。首長がこの有権者との緊張関係をいかに保てるかどうかが重要なのです。

そして任期の四年間をやってみて、マニフェストにのっとってかなりがんばってやった。例えば七、八割は実現できた。そうした評価があるならば、本人がもう一度立候補したいというのであれば、「もう一期やらせてみよう」という有権者の判断につながる。逆に、「マニフェストを出したけど、何もやってないじゃないか、口だけだ」という首長には、「二度とやらせるものか」という判断になる。

このように、マニフェストとその評価は、その次の選挙において有権者のみなさんの重要な判断の材料になるのです。ＰＤＣＡ（Plan-Do-Check-Action）サイクルをきっちりと遂行することが、マニフェストサイクルをつくる、マニフェスト改革を進めるということだと思います。

そこで二期目の知事選挙を迎えたとき、私はマニフェストも進化させなければならないと思いました。

そこでまず三七本の政策のマニフェストと同時に、自治体がその大きな政治を行っていくために決めていくべきルール、自治体がルールを決める権限はさまざまありますが、最も重要な条例を取り上げました。国会が法律をつくるように、県では県議会の議決を経て条例を制定します。その条例が自治体のルールになります。先進的な神奈川、新しい神奈川をつくるために、私は二期目のマニフェストとして、「政策マニフェスト」だけではなく、「先進条例マニフェスト」をつくりました。一一本の先進的な条例を神奈川でこの四年間につくり上げるというものです。

その中で、例えば一期目も公約していて、実現できていなかった公約の一つが「知事の多選禁止条例」だったのです。知事というのは権力が集中するポストです。アメリカでいう州知事や大統領と同じようなポストです。長いことやると、どんどん政治腐敗の可能性が強くなる。だから権力を集中させて徹底して知事職は遂行するけれども、神奈川県では三期一二年を限度とする。こうした権力の時間的な分権、多選禁止の条例をつくろうと思ったのですが、一期目はなかなか議会のみなさんにご理解いただけなくてできませんでした。そこで、二期目のマニフェストに再び載せました。二期目の選挙では、この多選禁止条例についても強調して戦い、二期目も大きな信任をいただいたので、議会のみなさんもようやく多選禁止の必要性を認めてくれまして、日本で初めて多選禁止条例が生まれました。

マニフェストを通じての有権者とのコミュニケーション

そしていま必死に取り組んでいるのが「公共的施設における受動喫煙防止条例」です。これも日本で初めてですから大変な議論になっています。これは日本はやらなければいけない。たばこが好きだろうが、嫌いだろうが。公共的施設、こうした室内空間でたばこを吸えば、吸わない人が吸わされる「受動喫煙」で、吸わない人まで健康被害を受けるのです。それが科学的に証明されていますから、現在、たばこ規制枠組み条約という国際条約ができて、一六〇ヵ国以上が参加し日本も参加しています。そこに、受動喫煙防止のために加盟国はしっかりとした法的措置を取るべきだと書いてある。アメリカもEUも取組みを進めています。アジアの国も、台湾もつい先日、全面禁煙になりました。おそらく韓国でもこの議論は始まっていると思います。先進国でこの議論をサボタージュしている筆頭格が日本です。国がやらないのであれば神奈川からやっていこうということで、この受動喫煙防止条例、いま最終的な検討の段階に入っていますが、大変さまざまな意見が出ています。

もちろん医師会だとか、健康を重視する団体からはしっかりやるべきだと言われます。知事は譲り過ぎるべきではない、禁煙か分煙で全て網羅的にやれということです。ところが規制を受ける側の商店、飲食店、パチンコ店などではそんなに急に禁煙になったらお客さんは来なくなる。この経済の厳しいときに知事は独裁者かなどと怒っておられるのです。

私は条例制定をマニフェストで公約しました。しかしマニフェストで公約したからといって自分の案のみを押し通すのなら、それはゴリ押しです。私はそうはしません。二年前から何ヵ所もタウンミーティングをやり、検討委員会を設置して専門家にも集まってもらって議論をしてきました。たばこメーカー、たばこの流通業者、あるいは商店、飲食店、パチンコ店、旅館など多くの施設を訪ねて意見を聞いて、できる限りの受動喫煙防止が進み、かつ民間の営業はできるだけ守れる、そうしたある意味、妥協案ではありますが、両方の意見を聞いた上で神奈川県から一歩でも前に進めるという条例案を検討しています（二〇〇九年三月、神奈川県受動喫煙防止条例が制定された）。

「こんな条例をなぜ急に神奈川でやるんだ」という意見をおっしゃる方がいます。しかし、受動喫煙防止条例は、私がマニフェストで公約の第一番目に掲げた条例です。私は、それで多くの県民のみなさんの信任を得て知事になっているわけですから、やる権利があるどころか、やらなければいけない義務があるのです。そうしたことを理解されていない方がまだたくさんいるのです。

「政治というのは、選挙が終わったら、その時から、あらためて議会や知事、あるいは利益団体の人が相談しながら進めていけばいいじゃないか」という意見があります。しかし、こうした理解のままだったら日本でマニフェスト改革は根付きません。マニフェストで謳ったことは必ず挑戦してやるべきなのです。ただ、政治ですから、職員の理解が得られない、議会の抵抗があった、あるいは利益団体から反対があったということから、実現できない部分もあるかもしれません。できなかったら、どういう理由でできなかったのか、どこまでできたのか。それをしっかりと説明する説明責任が政治家にはあると思います。そうすることで、初めてマニフェストを通じて政治家と有権者とのコミュニケーション、信頼関係が醸成されて民主政治は進化していく。私はそう信じています。

以上のように神奈川県もマニフェスト改革に取り組んでいますので、できる限り多くの県民のみなさんに議論に参加していただいて、透明性のある政治をつくって、日本の民主政治をリードしていければと思っております。ぜひとも本日ご参加のみなさまからのご指導もいただきたいと思っております。

まず政治家の立場から、マニフェスト改革実践のプレゼンテーションということでお話をさせていただきました。

2　京畿道におけるマニフェストの実践

京畿道知事　金文洙《キムムンス》

新たな選挙文化

私は政界に入った一九九六年から現在に至るまで一三年間、ほぼ毎年、大なり小なりの選挙を経験しました。私が立候補した選挙だけでも国会議員選挙が三回、道知事選挙が一回、合わせて四回になります。数多くの選挙を経験しましたが、二〇〇六年に京畿道知事選に出馬したときが最も記憶が鮮やかです。それ以前の選挙では見られなかったマニフェストという新たな選挙のカルチャーが登場したからです。

市民団体やマスコミは、立候補者の公約をマニフェストの観点から評価し、点数をマスコミに公開するといったイベントを展開しました。今も市民団体やマスコミはマニフェスト運動といった観点から毎年公約の実践率を評価し、発表しています。マニフェスト運動は韓国でも良い公約を開発し、誠実に実践する選挙の文化をつくる上で大きく寄与しました。

韓国マニフェストの克服すべき課題

しかしながら、私は、現在韓国で展開されているマニフェスト運動には克服すべき課題があると考

金　文洙（キム ムンス）（京畿道知事）
韓国労働者福祉協議会副委員長、民衆党労働委員会委員長を経て、1996 年、第 15 代国会議員当選。ハンナラ党院内副総務などを務める。2006 年より現職。
著書：『私は未だにネクタイに慣れない』、『素足で書いた日記』、『私の道、私の夢』ほか多数

えます。まず、マニフェストの評価基準は、単に公約の実践可能性や具体性だけにこだわるものではなく、有権者の夢やビジョンまでも反映する必要があるという点です。私は二〇〇六年の道知事選挙で首都圏における規制改善を最優先の公約に掲げました。小泉総理大臣が日本で首都圏の規制を撤廃し、国家競争力を向上させ、失われた一〇年を克服したように、大韓民国の心臓部である京畿道の規制を撤廃しなければ、大韓民国の競争力もよみがえらないと確信しているからです。

京畿道はおよそ二〇もの行き過ぎた重複規制でがんじがらめになっています。規制を避けて小規模な開発を行ったところ、結局はバラバラな開発で交通は渋滞し、企業は相次いで海外に脱出しています。道内の企業家たちは、投資を増やして雇用を生み出すには、首都圏の規制改善が急がれると口をそろえて言っています。

しかしながらマニフェストの評価を担当した専門家たちの反応は逆でした。首都圏の規制は法律と施行令によるものなので、国会議員がつくった法律によって行政を行うべき道知事が、この公約を達成することはできないというものでした。達成可能性という側面からは私のこの公約には点数はやれないと言うのです。虚しい、意味のない公約だというわけです。

私はマニフェストの面接審査で、首都圏の規制改善がなぜ必要なのか。これによって京畿道と大韓民国がいかに変化するか、そう説得するのに多くの時間を費やしました。私の真心が通じたのか、事前の書面審査のときより、面接審査後には低いながらも点数は少し上がりました。しかし、私は当選可能性といった側面からは非常に不利な、相手の候補よりもマニフェストの点数は低いという結果が発表されました。これは選挙に悪影響を与えました。

国の規制を克服してマニフェストを実現

道知事に当選すると、私は首都圏の規制改善の実現に向けて全力を尽くしました。私と京畿道の職員たちは中央政府と国会に日参し、規制は改善すべきであるということを説明しました。皆様ご承知の通り、韓国は世界で最も中央集権化された国の一つです。日本のように地方自治が発達してはいません。李柱榮国会議員もいらっしゃいますが、国会は非常に強力な権限を持っています。道にはほとんど権限はないのです。また韓国の大統領はアメリカ大統領よりも権力が集中して、世界で最も強力な大統領中心制です。それに対して、規制による被害の実情を調査した資料集やリアルな動画を提供し、ときには道民とともに街に出て規制撤廃を訴えたわけです。

二〇〇七年一二月の大統領選挙では、候補者たちが首都圏規制問題の深刻性を認識できるように、我々はさまざまな資料を作成し、提供しました。京畿道民たちは、「首都圏規制改善」を公約した李明博大統領を圧倒的に支持しました。就任後、李明博大統領が地方の反対で揺れ始めるようになったとき、我々は「公約を守れ」と正面から対応してきました。

去年秋には、私は『自由を夢見る。規制の監獄—京畿道で』という題の著書も出版しました。歴代道知事たちもみな首都圏規制問題を提起しましたが、何も解決できたことはない、私も同じだろうと多くの公務員さえ言っていました。しかし私は、首都圏規制を改善することこそ、京畿道公務員の時代的使命だという信念で一生懸命努力しました。その結果、満足できる結果とは言えませんが、さまざまな規制改善の成果を見いだしています。

首都圏産業団地内の大企業工場の新増設と移転が可能になりましたし、首都圏の工場用地に関する総量規制も緩和されました。国防力の低下なしに軍事規制を大幅に緩和しました。京畿道は南北を分断するDMZ（非武装地帯）が通るところです。米軍基地の九〇%が私ども京畿道に集中し、韓国の陸、海、空、海兵隊、すべての兵力の七〇%が京畿道に集中しています。京畿道面積の二二%が軍事施設であるといったことから、これまで軍事規制が大変重視されてきたのです。

また、水質悪化なしに上水源の規制改善も成し遂げました。京畿道はソウルと仁川を含む二四〇〇万人が飲む水を供給しているわけです。そしてグリーンのないグリーンベルトを大幅に解除して、環境にやさしく活用できるようにしました。京畿道には全国のグリーンベルトの三一％が集中しています。そして農業振興地域を緩和し、農民の財産を増加させ、土地の効率的な利用を可能にしました。京畿道は韓国で農業振興地域が二番目に多い地域です。

実現のための努力と変化への対応

こうしたことは遅々として実行できないという散々な評判だったのですが、我々の京畿道と韓国の未来のために必ず必要なんだというビジョンを持って、そして信念があったからこそ、第一公約として掲げ、道民とともに努力をした結果、所期の成果を上げることができました。

実現可能性が疑わしい、それから数字的に見て具体性がほぼないと考えられることでも、地域と国家の発展のためには必ず必要なビジョンであると考えたら、それはマニフェストとして評価されなければならないと思っています。選挙によって選ばれた公職者は、選んでくれた国民に対する約束を守らなければなりません。これは一番大事なことです。私は選挙のときに約束したさまざまな事業を実践するために、日々緊張感を持って一生懸命がんばっております。

しかし道政をやっておりますと、約束を守ること自体よりも大切なものがあるということを感じるときがあります。それは変化に積極的にすばやく対応するということです。思ってもみなかった経済危機にいま世界は巻き込まれていますが、韓国は輸出中心の経済構造ですから、世界経済の危機に非常に敏感に、また大きな影響を受けてしまいます。雇用も失われましたし、輸出が大変なことになっています。大学を卒業しても就職することができない。店を開けてもお客さんが入ってこないといった非常に深刻な状態に現在は陥っているのです。

そこで、我々京畿道政としては、非常対策委員会を結成して、経済危機対応体制で道政を挙げて、力を集中させて雇用創出を中心に対策を立てています。また、いますぐ支援の必要な家庭のために危機家庭無制限援助事業を始めました。この事業は経済的に困難な状態にあり、困っているにもかかわらず福祉面で援助を受けられない家庭に対して、生活費、住居費、医療費などを緊急支援する制度です。昨（二〇〇八）年一二月から開始しましたが、二ヵ月の間に二四五九世帯が申し込むという爆発的な反響がありました。これまで、道内一七九三世帯に一五億九五〇〇万ウォンの支援を行いました。国でも我々を見て、同じような趣旨の事業を始めました。宗教界、福祉団体など、地域の社会が一団となっていま力を合わせているところです。

今のような危機状況、急速に変化する現代社会に対応するのは選挙公約だけでは無理であると私は考えています。選挙のときの約束さえ守ればいいという考えは捨てて、変化と危機に積極的に対応することが有権者に誠意を示すことであると思います。

韓国はまだ世界のほかの一流先進国のようなシステムがうまく働いているとは言えません。まだそのようなシステムがつくられてはいません。ですから相対的に社会の変動が大きい。行政の危機対応のパワーをもっとつけていかなければなりません。危機家庭無制限援助事業は経済危機による限界状況から出てきた政策で、道民には必要なものなのです。しかしこれは私の選挙公約ではありません。マニフェストの評価対象にはならないわけです。しかし当初の選挙公約でなくても、任期中に道民と一緒になって、道民の願う政策を新たに約束したならば、それを実践するプロセスもマニフェストを通して評価されるべきです。

有権者に希望を与える行政とは

このお正月の連休に私はタクシー運転手を経験してみました。約一二時間タクシー運転手として働いてみたわけです。タクシーを運転するためには資格もいろいろ必要ですから、それも全部取得しました。その体験の中で一二組のお客さんを乗せましたが、収入は二万四〇〇〇ウォン(日本円でおよそ一八〇〇円)でした。一日中、あれだけ運転し、働いたのに、それしか稼ぎがないということを見れば、タクシー運転手さんの苦労が心からよくわかりました。

また、私が乗せたお客さんたちも生活が苦しいと口を揃えていました。彼らにとって二年六カ月前の選挙のときの私の公約は何の意味も持っていないわけです。今すぐ、今日の生活の苦しみを克服できる政策が必要なのです。危機に鈍感な腰の重い行政、変化に対応できない行政、未来のビジョンと希望を住民に与えられないような行政は、有権者の望みを無視することになってしまいます。

本日の会議が、本当に国民のための行政とはいったいどういうものなのか、そしてそれを正しく評価するためのマニフェスト運動とはどのような方向に進めるべきなのか、といったことを話し合うよい機会となることを望んでおります。今回の会議を開催、準備していただき、またご招待いただいた韓日交流国際学術大会実行委員会の曽根教授、松沢知事、それから関係者のみなさまに重ねて心より御礼を申し上げ、終わりといたします。ありがとうございました。

第3章　日本および韓国・大統領選挙とマニフェストの進展

1　韓国側報告　マニフェストで変わった韓国の国政選挙

韓国国会議員　李柱榮《イジュヨン》

マニフェストが開いた新たなページ

韓国のこれまでの選挙は、政策を戦わせるものというよりは、候補者の経歴を紹介したり、政治活動を一方的にPRする個人宣伝型選挙、または後援会や党の組織を利用した組織動員型ネットワーク選挙であり、地域を活用した誹謗・中傷宣伝中心の縁故主義的ネガティブ・キャンペーンが繰り広げられたところが多いと評されています。有権者についても、候補と政党の政策公約を比較して支持する候補を決めると言うよりは、地域、血縁、学閥などから縁故主義を基準とする前近代的な投票行動をとってい

李　柱榮（イ　ジュヨン）（韓国国会議員（ハンナラ党・3 期目））

ソウル国立大学大学院（法律課程）卒業後、大法院裁判研究官、釜山地方法院部長判事などを務める。国会議員となり、ハンナラ党首席政策調整委員長、2007 年にはハンナラ党大統領選挙中央選挙対策委員会政策状況室長を務める。2008 年、第 18 代韓国国会議員（3 期目）に当選。

たのではないかという批判も出ています。

一七代の国会総選挙を控えて、一人二票制度が導入され、政党に投票することになりました。そのための準拠基準として、政党の公約について有権者の関心が高まりました。したがって政策公約を戦わせるための新たな転換点ができたわけです。その後二〇〇六年五月三一日、地方選挙を契機にこの場にいらっしゃる金永来教授を中心にマニフェスト運動が展開され、当時一緒にその運動に参加した金文洙知事もマニフェストを提出して、知事に当選されました。後に、最も優秀だと評価されています。

その後、二〇〇七年一二月の大統領選挙においてもマニフェスト運動実践本部を中心に、政策選挙を進めなくていけないという方向に動いていきました。そのマニフェスト運動が新たなページを開いたということになります。二〇〇七年一二月の一七代大統領選挙と二〇〇八年四月の一八代国会議員選挙、総選挙において展開されたマニフェスト運動の経過についてご紹介したいと思います。

○七年大統領選と○八年国会議員選挙

二〇〇七年の大統領選挙を控え、私はいま与党ですけれども当時は野党ハンナラ党の政策委員会議長として、大統領選挙をマニフェスト選挙にするために、韓国の政党史上初めて党員の前で大統領候補者を決めるために討論会を行いました。「政策ビジョン大会」という名前で全国を回って、政策選挙、予備選挙を行い、比較的いい評価を得た候補者が選ばれ、負けた候補もその結果を潔く受け止めました。それは、韓国の政党史上、例のない美しい予備選挙として前向きに評価されました。

その後、一七代大統領選挙において、私はハンナラ党中央選挙対策本部政策状況室長として大統領選挙の公約づくりを担当することになりました。当時四〇〇人の専門家と一八〇回にわたる討論会を経て決めた公約をまとめ、韓国の大統領選史上初めて「一流国家　希望共同体　大韓民国」という政策公約集を出しました。この日本語版が、曽根先生が翻訳なさった本になります。当時、与党でありました民主党も同じように政策公約集を各分野にわたって出しています。二〇〇八年の国会議員の総選挙でも、同じようにハンナラ党は分厚い公約集を出し、また野党になった民主党も同じように政策公約集を出しました。

このようにして政策公約集でお互いに対決するという雰囲気がつくられました。その際の政策公約集は、公務員、企業の幹部、学者、また各種の社会団体の運営者の必読書になり、次期政権の三大ビジョン、一〇大希望、四三大プロジェクト、九二の約束がそれぞれ具体的な予算まで明示され、当時政策タウンミーティングを各分野別に行って政策マニフェストを実践する選挙運動を繰り広げました。民主党も同じような動きをし、中央選挙管理委員会のチーム長も今日いらしていますが、中央選挙管理委員会のホームページに各政党の政策公約を載せて、有権者が比較して見ることができるようになりました。

マニフェストをめぐる三つの限界

しかしこのようなマニフェスト運動の展開にもかかわらず、有権者のマニフェストに対する認識はまだまだ不十分だったと思います。有権者の三分の二以上である六七・四%がマニフェスト運動について「よく知らない」、または「わからない」とアンケート調査に回答しています。また、「一七代大統領選挙の政党公約、政策の内容が明確ではなく、曖昧である」と評価した有権者が七九・三%にも上っています。「政党と候補者の公約や政策があまり違いがない」と評価した有権者が七七・八%にも上っています。また一七代大統領選挙では、政策より、政治的スキャンダルなどのさまざまなスキャンダルが取り上げられ、ネガティブ・キャンペーンが繰り広げられ、マスコミもそれに焦点を当てたために、政策マニフェストが大きく関心を集めることができなかったという限界がありました。

このマニフェスト運動に対する評価と問題点についてお話ししたいと思います。まず第一に、政党と候補者が、事前の準備、またはそれぞれの合意が足りない状況で、マニフェストを急に掲げて発表した傾向が強かったということです。二つめは、候補者にとってマニフェストは選挙の一つのツールであるために、これまでの公約と同じように票を集めるための迎合主義的な、ポピュリズム的な傾向があったことは否めないという問題点があります。三つめは、マニフェストは政策と目標を具体的に提示していますので、あとでそれにこだわるあまり政策が硬直的になってしまう危険性があるということです。これについては先ほど金文洙知事のほうから、首都圏の規制緩和を公約として掲げることをめぐってそうした問題現象があったというお話をしてくださいました。

こういったマニフェストの限界を最小限にするための合理的な方策が、今後必要だと思います。

公認申請とマニフェストをセットに

これに付け加えて、一八代総選挙の過程でマニフェスト運動はどういった形で展開されたかについて申し上げたいと思います。

各政党は公認申請書とともに、立候補予定者が当選したあかつきには議会活動をこのように行うという計画をつくって提出させるようにしました。そしてこれを公認の基準で評価するといった形にしました。そして当選した国会議員については、それが実現されたかどうかマニフェスト実践本部で評価し、マスコミに公表し、優秀者に対しては大賞を与えるといったことを行っています。

私どもの場合も、当時議会活動計画書に韓国の憲法を改正しなくてはいけない、改憲のために努力をするといった計画書を提出しました。それで当選後、国会内で「未来韓国憲法研究会」という国会議員の団体、集まりをつくって改憲のための準備を行っています。こういった形で、国会議員選挙でもマニフェスト運動の努力が反映されているということを報告したいと思います。

マニフェスト定着のために

今後も私たちは、マニフェスト運動の定着のための方策を模索しなくてはいけないわけですが、私が申し上げたいことは四つです。

一点めとして、党内での予備選候補者、そして本選でのマニフェスト作成時期を早めること、また政党マニフェストの場合、毎年それを定例化して提示する、法制化するといったやり方を考える必要があると思います。それによって有権者はあらかじめ候補者と政党の政策を評価できる。そうした余裕を有権者に与えることが必要です。

二点めは、マニフェスト作成過程で党員や一般の国民の意見といったものを多く取り入れるということです。参加を保障する法制化を検討する必要があると思います。

三点めは、マニフェストが実践されたか否かについての的確な評価システムが必要であるということ。もちろん公約をして発表し、実践できないこともあります。そういった場合、政策環境の変化によって守ることができなかった公約については国民的な合意を得て約束を撤回する、あるいは時期を遅らせる。そうした手続きが必要になると思います。つまり、公約に対しての政策実践の柔軟性を確保するための方策が必要であろうと考えます。

四点めはマスコミの問題です。マスコミは刺激的な話題、主にネガティブ・キャンペーン、あるいは地域的な血縁、学閥といったものに飛びつきがちです。しかし、そうした非理念的な報道ではなく、政策、哲学、理念、そして政策といった点に報道の優先順位を置く必要があると思います。そして、有権者が政策により多くの関心を持つことができるようにリードする方策が講じられる必要があるだろうと思います。

今後、マニフェストの成功的な運用のためには韓国、日本ともにこうした問題についてさらに緊密な研究を行っていくべきだと考えています。よい成果を出すことができるよう期待いたしまして、私の発表を終えたいと思います。

2　韓国側コメント　マニフェスト運動とはなにか

亜洲大学教授　金《キム》永《ヨン》来《レ》

韓国でのシンポジウムの意義

亜洲大学の政治外交科で教授をしております金永来です。私は二〇〇四年八月から二〇〇五年八月まで東京の慶應義塾大学に客員教授として来ておりましたが、松沢知事も講義を受け持っておいででした。マニフェストについての研究をしていらした曽根教授ともお会いし、マニフェストが新しい政治文化を定着させるために最も大切であるということをそのとき学びました。

その後、私は松沢知事にお会いして、こうしたことを韓国でも紹介して、韓国の政治文化を発展させたいということ、韓国での会議の開催はそれに大きく役立つだろうとお願いしたところ、松沢知事に快諾していただきました。二〇〇六年三月に韓国でマニフェストについての第一回国際学術会議が開かれました。私は、韓国マニフェスト実践本部という市民団体の組織をつくり、この団体がメインとなってその第一回が行われたわけです。また、第一回、第二回の会議とも神奈川県との友好提携をしている京畿道が開催のバックアップをしてくださいました。

その当時、韓国のマスコミ、それから多くの学者たちは、「マニフェストっていったい何だ」「それが韓国の政治をどうやって変えられるんだ」と思っていました。マニフェストというものが選挙にどのような影響を与えるのかということについて知らなかったし、疑いの心を持っていました。しかし、そのときに開かれた学術会議で、松沢知事がご本人の選挙でローカル・マニフェストを発表した経験談を詳しくお話ししてくださいました。それからまたその評価についても具体的にお話をしてくださいました。それを聞いて韓国のマスコミは注目し始めたわけです。

そしてまたこれが韓国の政治・文化の発展に寄与するであろうという認識をみんな持つようになりました。もちろん曽根教授も日本のマニフェストについての懸案事項、評価、課題、またイギリスの事例などについてもお話をしてくださいました。理論的な面で韓国に非常に多くのアドバイスをくださったわけです。

そしてまた当時、市民

金　永来（キム　ヨンレ）（韓国亜州大学政治外交学科教授）

延世大学大学院修了（政治学）博士。慶南大学政治外交学科教授などを経て、1991年より現職。京畿道選挙管理委員会委員、韓国政治学会会長、韓国ＮＧＯ学会会長、社団法人韓国市民運動情報センター理事長、社団法人韓国マニフェスト実践本部常任共同代表、ハンナラ党公認審査委員会副委員長などを歴任。

著書：『マニフェストと地方選挙』（2006年）、『マニフェストと政策選挙』（2008年）、『韓国政治、どうみるのか』（2006年）、ほか多数社会レベルでのマニフェスト運動について、久住剛さん（パブリックリソースセンター代表理事）がお話くださいました。当時、韓国のマスコミ、学界などは、松沢知事、曽根教授、そして日本の市民団体に対して関心を大きく持つようになったわけです。特に松沢知事は、日本よりもむしろ韓国において有名かもしれません。

韓国でのマニフェスト運動は、先ほども申し上げたのですが、京畿道がこのような運動を展開していく大きな支援の基になりました。とりわけ京畿道というところは首都圏にあるために神奈川県と類似点が多いのです。マニフェストでもそのため、韓国では京畿道がリードしていく役割を担うことになったわけです。そうしたことで韓国のマニフェスト運動が展開していっていますが、現在マニフェスト評価も毎年行われています。広域自治団体のマニフェストについての評価なども行われていますが、先ほどスピーチされました京畿道の金知事が第一等賞をとりました。

いずれにしてもマニフェストが、日本の神奈川県と韓国の京畿道を契機に、韓国の市民団体、中央選挙管理委員会が協力して韓国で広まってきているということは、韓日交流の一つの成果、一つの事例であると考えています。日本と韓国でだけこうしたマニフェスト運動を行うのではなくて、今後は、中国は現在はまだ難しいと思うのですが、台湾や香港、タイといった他の東南アジアの地域でもこのマニフェスト運動を広めていきたい。次の国際学術大会のときにはそういった国からの代表者もお呼びして、東南アジア、ひいてはアジア全体、世界全体に広めていく中心地として神奈川県と京畿道が、選管、市民団体も含めてリードしていきたいものだというお話を教授にいたしました。

韓日のマニフェストと政党の違い

韓国のマニフェストと大統領選挙に関連しては、先ほど李柱榮先生が詳しくお話をしてくださいました。また李柱榮議員は韓国の大統領選挙においてはハンナラ党の政策公約をつくるのに主導的な役割を果たされたわけですから、李さんのお話の内容についてここでは繰り返しません。韓国のマニフェスト運動と日本のマニフェスト運動がどのように違いがあるのかということについてだけ簡単に四つぐらいお話しておきたいと思います。

まず第一に、韓国のマニフェスト運動は市民運動が中心となっていました。日本のマニフェスト運動は、政治改革を唱える政治家たちがリードしていました。こういったところが少し違うと思います。韓国では政治改革を要求する市民意識を反映した市民団体が中心となっていったのです。みなさんご存じのように、韓国は二〇〇〇年に総選挙があったとき、市民団体がリードして落選運動というのをやったのです。その後、日本でも似たような形で展開されたという話を聞いていますが、当時、韓国の市民団体の行った運動は大きな効果を上げました。大きな影響を社会にも与えました。賄賂を受け取った政治家、嘘つきの政治家、法に反する政治家などを当選させてはいけないという落選リストをつくって発表し、リストに挙がった人は九〇%が落選するというほどの大きな効果がありました。市民運動は政治改革に情熱を見せてきました。こういった韓国の市民運動は一種のネガティブ・キャンペーン、言い換えると「間違っている、よくない、資格のない政治家を選んではいけない」という運動だったですが、マニフェスト運動は一種のポジティブ・キャンペーンで、よい公約、守れる公約、国民から信頼される公約を打ち出す、ポジティブ運動を展開する側面から市民運動がリードしてきました。

これまでは市民運動もネガティブ・キャンペーンが中心となって人々の関心を集めてきたのですが、新しい時代においては市民運動もネガティブからポジティブに移っていかなければならない。変わっていかなければならない。こうした観点からマニフェスト運動を展開したいと考えています。

二番目は、韓国でのマニフェスト運動はガバナンスのレベルで行われたということです。みなさんもご承知のように、現在は、過去のガバメント、統治の時代ではなく、ガバナンスの時代です。協力によって治めていく時代になったわけです。市民、公共機関、マスコミなど、みんなが力を合わせて国家の発展のために話し合い、よいアジェンダ、よいテーマがあればお互いに力を合わせて、新しいチェンジを、変化を起こしていく時代です。

韓国のマニフェスト運動は単純に市民団体によってのみリードされるのではなく、中央選挙管理委員会という選挙を管理する機関が、この運動を全面的にサポートしました。後ほど発表なさる徐仁德・中央選挙管理委員会・前政策チーム長が、このマニフェストを中央選挙管理委員会の次元で支援すべきだとして、中央選挙管理委員会と市民団体が緊密に協力し合い、運動を展開しました。

また、先ほどお話ししたように、京畿道という自治体、そして韓国で何より重要なマスコミがこれを全面的に支持しました。主な新聞社、放送局がマニフェストに関する座談会、討論会を行って、マニフェストがこの国民の中に浸透する役割を果たしたと言えます。マニフェスト運動は、韓国で新たなガバナンス体制を築く一つの代表的な事例になったと言えます。

三番目は、政党レベルでの約束だということです。二〇〇六年三月一六日、韓国の主な政党の代表が、マニフェスト実践運動本部、そして中央選挙管理委員会とともにマニフェスト協約式を行いました。これによって地方選挙でマニフェストを政党レベルで受け入れるということを国民の前で約束したわけです。同じように大統領選挙においても二〇〇七年一〇月一九日、主な政党の代表、中央選挙管理委員会、マニフェスト運動実践本部の三者が、大統領選挙にこのマニフェストを導入するという宣言を行い、約束をしました。これもまた政党レベルで国民に約束をしたものですから、かなり意味のあるイベントだっただけではなく、その後、先ほど李議員もおっしゃったように、ハンナラ党、民主党、またその他の政党の政党レベルの公約集をつくる契機となったわけです。

それから国会議員の選挙においても、同じようにこのようなマニフェスト運動を行うという約束をしました。当時、マニフェスト運動を展開している中、ハンナラ党が政策選挙をするためには、マニフェストの専門家が国会議員の公認候補を選ぶプロセスに関わるべきだということになりました。そこで私は公認審査の委員の一人として加わり、国会議員候補者が出した議会活動計画書が果たして信頼できるものなのかどうかという観点から評価し、候補の公認作業を行いました。だからというわけではありませんが、国会議員選挙でハンナラ党は過半数を占め、現在は二九九の議席のうち一七〇以上の議席を占める多数党になりました。

四番目は、有権者に対する意識（改革）運動であるということが、韓国のマニフェスト運動を性格づけているという点です。みなさんご存じかどうかわかりませんが、「セマウル運動」（新しい村づくり、ニュービレッジ運動）というものが一九六〇年代にありました。私はこのマニフェスト運動は第二のセマウル運動、ニュービレッジ運動だと思います。マニフェスト運動は新たなニューウェーブの運動であるという宣言式も行っています。これはマニフェストが、政治文化だけを変えるというのではなく、日常生活においても意識を変えるものであるからです。

そのために、韓国におけるマニフェスト運動は、政治の世界だけではなく、例えば結婚式マニフェストというのもあります。また、小学校、中学高校などの生徒会長の選挙においても候補者がマニフェストを発表しています。大学の総長選挙においても総長候補はマニフェストをつくって、大学をいかに発展させるかという公約を掲げています。最近に至っては教育長の選挙、農業協同組合の選挙、畜産協同組合の選挙においてもマニフェストが使われています。ですから私は、マニフェスト運動は韓国における第二のセマウル運動、言い換えればニューウェーブ運動であると表現したいと思います。

結論として申し上げられることは、私が日本に来て研究し、学んだこのマニフェスト運動が韓国に伝わり、韓国の政治、文化、また国民意識を変化させる大きな役割を果たしたということに私自身も自負を感じていますし、その契機をつくってくださった松沢知事、曽根教授、そして日本の多くのみなさまに感謝したいと思います。先ほどお話ししたように、このマニフェスト運動が今後、日本の今年の衆議院選挙、また東南アジア地域の各種の選挙においても展開されるようにしたいと考えています。日本と韓国が率先して伝えれば、東南アジアだけではなく、世界各国の政治、文化、または政治発展にも大きな役割を果たすに違いないと期待しながら、私の発表を終えたいと思います。ありがとうございました。

3　日本側報告　マニフェストの課題と可能性

日韓交流国際学術大会実行委員会委員長　曽根泰教

総選挙が延びての、マニフェスト空白期

日本の現状ということで、マニフェストがどう進展しているのか、二〇〇七年以降の話をメインにご報告させていただきます。ところがこの大会の設定時期というのは、本来であれば昨年の一〇月もしくは一一月に解散総選挙が行われ、マニフェストが発表されたあと、各種団体あるいは新聞社、シンクタンクなどの検証を十分に経て今日の大会があるはずだったのです。麻生総理大臣が選挙を先送りしたために見事にこの予定が狂いまして、二〇〇七年以降、日本では、安倍首相が参議院選挙にマニフェスト、と言うよりも自民党選挙公約を発表したあとは、内容はスカスカです。であるにもかかわらず、私が日本の現状をお話しする意味を、マニフェストはすべてよいという話だけではなくて、マニフェストを運営し、実行するためにいくつか現実的な問題、理論的な問題があるという指摘をすることに求めたいと思います。

ただし、ローカルレベルにおいては、神奈川県も佐賀県もそうですし、あるいはさまざまな市町村のレベルでかなり立派にマニフェストを書き、かつ実践をしている実例がたくさんございます。その実例に関しては、神奈川県の例が先ほど報告され、佐賀県の例はこれから古川知事からご報告があると思い

ます。ローカルのほうは誇っていいことが多々ありますので日本のマニフェストの流れが総じてダメという評価ではなくて、部分的にはよくて、部分的にはダメだということになります。

日本におけるマニフェストの黎明期

若干歴史的なおさらいになります。韓国は二〇〇六年五月三一日、統一地方選挙からマニフェストが導入されたというお話ですが、日本の場合には二〇〇三年です。二〇〇三年は統一地方選挙および衆議院選挙がありました。この衆議院選挙に関しては、民主党が仕掛けたとか、あるいはマスコミがはやし立てたという話もございます。もちろん我々「新しい日本をつくる国民会議」（二一世紀臨調）も、今日は佐々木代表がおいでですが、佐々木さんや北川さんをはじめとして、国政レベルでのマニフェストの推進

曽根　泰教（慶應義塾大学大学院教授）
慶應義塾大学マニフェスト研究会代表、日韓交流国際学術大会実行委員会委員長
専門分野：政治学、政策分析論
著書：『変動期の日韓政治比較』(2004年)、『マニフェストによる政治ガバナンスの確立』(2006年)、『日本ガバナンス』(2008)、『李明博政権の韓国マニフェスト』(曽根研究室訳、2008)、ほか多数

を応援し、あるいは実践をしたわけです。実は小泉首相というのはマニフェストに乗ったのです。ですから民主党だけがマニフェストを書いて選挙をやったのだとしたら、日本ではこれほど普及しなかったと思います。

小泉さんは当時、総裁選のマニフェストは党の公約だと言いました。だから総裁選、内閣改造、総選挙というのは一貫してマニフェストで行おうとしたわけです。これに対抗して、もともとマニフェストを実行しようとしていた民主党の菅直人さんをはじめ、民主党の若い人たちはマニフェストを選挙あるいは政治の武器として使おうと思ったわけで、二〇〇三年が一つの転換点だったわけです。この二〇〇三年からさらに四年たったのが二〇〇七年になるわけです。つまり四年間たって、統一地方選挙も二つ目のマニフェストを松沢知事も古川知事も書いているわけです。また、国政でも二〇〇五年に衆議院選挙がありました。ですから今はマニフェストは二巡目に入っているわけです。その二番目に掲げたマニフェストが現在評価され、あるいは実践されているということになるわけです。

そういう意味で言うと、韓国はまだ一回目のサイクルが回り終わっていないのです。ですからその評価は五年なり、あるいは四年なりが評価されて、その次の段階を迎える。ここに一つの大きな違いがあるかと思います。そして先ほど来、日韓を比較するといくつかおもしろい例があるということです。これから徐さんに韓国の中央選管の役割をお話しいただくことになりますが、日本の中央選管に比べて韓国は非常に積極的にマニフェスト運動にコミットしています。

それから逆に言いますと、日本青年会議所（ＪＣ）は、民間団体の中で特にマニフェストの評価大会、あるいはマニフェスト型公開討論会を積極的に行っています。ですから韓国の市民運動の研究者の方は、あまり日本青年会議所の運動に注目していない方が多いのですが、日韓の青年会議所を比較しますと、日本青年会議所はかなりの数の公開討論会、検証大会を行っている。これも注目していい点だろうと思います。

それからローカルのレベルでは、後ほど早稲田大学マニフェスト研究所の北川所長がお見えになる予定ですが、実はマニフェスト大賞という賞を出して、毎年評価をし、それで内容を発表しています。すでに昨年は三回目になるのですが、第二回は松沢知事、三回目は浜松の鈴木康友市長。実は古川知事の作品は大変高い評価で、私は審査員なので内容は申し上げられませんが、非常に大接戦であったということをちょっと申し上げておきたいと思います。

そういう意味で、内実ともにかなりローカルレベルの首長さん、それから議会などで努力の跡がたくさんあるし、このマニフェストを一つの「てこ」として議会の役割は何なのか。特に地方議会の役割は何なのかということは、かなりいろいろなことが発見されておりますし、新しい先進事例が見いだされています。ですから地方議会というのは一律ダメだとばかり言わずに、今後何をなすべきかということの一つの発想の契機としてマニフェストが利用できるのではないかと思っております。

どのマニフェストが生きているのか

ここまでは概略ですが現状の問題点を申し上げます。日本の場合、実は厄介な問題があり、これは韓国と共通するところもありますが、制度的な面、それから現実の政治的な面、二種類の問題を申し上げます。

まず第一は、いま日本で生きているマニフェストは、どのマニフェストですかという、クイズみたいな話です。答えはとても難しいのです。それはなぜかと言うと、今の日本の国会の衆議院では自民党と公明党が約三分の二の議席を持っています。日本の議会の歴史の中で三分の二を与党が取るというのは非常にめずらしい、大勝利の議席なのですが、その三分の二の議席というのは、実は小泉さんが二〇〇五年の選挙で掲げたマニフェストによる勝利の結果なのです。

しかし小泉さんは一年で首相を辞めてしまいました。首相任期はあるにもかかわらず、党の総裁任期のほうを優先して一年して辞めてしまいました。そのあと安倍首相になり、それから福田首相になり、現在は麻生首相です。麻生さんが数日前に施政方針演説で主張したことは、小泉さんが選挙のときに掲げて国民に訴えて支持を得たこととずいぶん違いがあります。それがまず第一の問題です。

日本のマニフェスト、小泉さんが勝利したマニフェストって生きているのですか。生きていないのだとすると、安倍さんのときの参議院の選挙公約が生きているのですか。安倍さんは選挙で負けました。だからあれは恐らく生きていない。そうなるとそのあと福田さん、あるいは麻生さんが総裁選のときにずいぶん薄っぺらな二、三枚の紙を書いて出して総裁として勝利しましたが、それが生きているんですか。少なくとも福田さんのものは、もう辞めてしまいましたから生きていない。

そうすると麻生さんが書いて勝った総裁選のマニフェストと言うか、総裁選の選挙公約は生きているのでしょうか。だとすると、それが当然ながら所信表明なり施政方針なりになって、そして内閣の方針として政策が体系化され、過去のマニフェストとはこう違いますという書き替えがあった上で国民に説明があったかと言うと、そんなことはない。だから我々は、どれがいま日本国の政策で、これが生きている公約、マニフェストなのですと自信を持って言えるでしょうか。これについては自民党の人に聞いてもわからないのです。

私がわからないだけではなく、多くの人が、これだということはなかなか言えない。ここに悩みがあります。ですから少なくとも総選挙で決着しなければいけない。小泉政策を否定するのはけっこうです。しかし、否定するのだとしたら、変える内容のマニフェストを掲げて、我が政権はこう変更します、かくかくしかじかの理由でこう変更します、いいでしょうかと、問いかける必要があります。三分の二をもらったときの政策とは違いますけれども、環境の変化を考慮してマニフェストを変えて選挙をやりますというのだったらよくわかる。ところがその手続きがないものですから、リーダーシップの欠如と言われますが、リーダーシップが欠如して、システム上、求心力を持ち得ないような形で政治を動かしていると、いかに個人の資質を磨いたとしても、マニフェストの発展は無理だということになるのではないかと思います。

二点目の問題を申し上げます。一般によく「ねじれ」と言われるのですが、衆参の多数派が異なっております。先に申し上げましたように、衆議院の多数派は自公で、三分の二の議席を持っています。ところが二〇〇七年の参議院選挙結果では民主党がほぼ過半数をとりました。ほぼというのは少々怪しい説なのですが、もう少し議席を確保すると過半数になる、かなり過半数に近い議席を持っている。

これは韓国と日本と違うところです。日本は二院制です。衆議院で法案を通しても参議院で否決されてしまいます。予算の場合には衆議院が優越していますから予算は通りますが、予算を実行するための予算関連法案は参議院で否決されてしまいました。否決されてしまうのですから、衆議院に戻して三分の二で再可決をすればいいのですが、実はみなし規定というのがあって、六〇日間参議院で決定しなければ否決したものとみなして衆議院で決めることになるのです。しかし六〇日も待たなければならないという時間の問題があります。

そういう点で、大統領制と議院内閣制の違いについては、過去、韓国に行って何度も申し上げた点なのです。議院内閣制は議会の多数派を政権党が握っているわけですから、掲げたマニフェストはほぼ実行できますとずっと申し上げてきたのです。大統領制は大統領選挙で勝っても、divided government、すなわち分裂政府、分割政府とよく言われるのですが、議会の多数派によってマニフェストを否決されてしまってなかなか実行できない例があります。韓国もそういう事例を盧武鉉政権時代に経験しています。

それは大統領制の欠陥だと申し上げたのですが、日本の場合、二院制ということの欠陥があるのです。つまり議院内閣制で衆議院は内閣と一体でも、二院制であるために、参議院はあたかもdivided governmentのもう一つの議会のような形で、対立し、否決されてしまう。大統領における議会との関係と同じです。この分裂した状況をどうしたらいいのかという、なかなか厄介な問題があります。マニフェストを書いて選挙で勝つところまではできる。しかしそれを法律にして実施する、実際に動かすという段になると、安倍首相、福田首相、麻生首相、いずれも非常に苦労しているところです。

方法として、国会が動くようにするにはどうしたらいいか。一つは衆議院決着です。衆議院で書いたマニフェスト、つまり衆議院で勝利したマニフェストの主要部分に関しては参議院は否決しないというルールをつくる。これはイギリスでよく「ソールズベリー協約」という言い方をしますが、下院の決定を上院が否決しない。修正はあるのですけれども、基本的に否決しない。このようなルールをつくれば国会は動くのですが、まだその慣習というか、そういう紳士協定ができていません。ですからこの点は工夫のしどころになります。

次の総選挙のことを考えていただくといいのですが、マスコミあるいは週刊誌など、次の総選挙では民主党が勝つというようなことを言っています。ただ、勝つということよりも、民主党がいま唱えているのは政権交代ということです。政権交代の意味は、衆議院選挙で多数を取れば民主党が掲げたマニフェストは実行できるのです。衆参で多数を握りますから、衆議院で通過し、参議院で通過する。

困るのは自公なのです。つまり自民党、公明党の場合、たぶん次の選挙で勝ったとしても三分の二の議席をとれるとは誰も予想していない。過半数ぎりぎりかということになる。そうなると、勝利して政権を握っても、書いたマニフェストを法案として通せないことがしばしば出てくる。出てくるというよりも、衆議院で通過させても参議院で否決されてしまう。三分の二はありませんから再議決ができません。そうなると宙に浮いた状態が起きるわけです。

ですから本来議院内閣制なら確実にマニフェストは実行できる、あるいは法律化できるはずのシステムがうまくいきそうもない。これは選挙のときに、たぶん自公が書いたマニフェストについてマスコミは必ず質問をしてくると思います。「どうやって実行するのですか」、「その根拠はありますか」、「担保は何ですか」と。総選挙は今年中にあるのですから、今から、衆議院決着あるいはソールズベリー協約のようなものを早めにつくるべきです。自民党は一番最初にそれをやらなければいけないのですが全く違うことをやっています。これが第二点目の課題です。制度的な課題と現実政治の課題です。

マニフェストの柔軟性

三番目は、すでに金知事をはじめ皆さんおっしゃっていたことです。今回の世界金融危機のような例外状況が発生したとき、マニフェストはどうすべきなのか。つまり一〇〇年に一度の金融危機が発生する。一〇〇年に一度ではなく、大恐慌以来の危機ですね。そうした時にはマニフェストを書き替えるべきだと思います。つまりマニフェストというのは向こう四年間なり、あるいは韓国大統領の場合、向こう五年間なりのプログラムです。しかし、それをしのぐ大危機が発生したら、やはりマニフェストは現状に合わせて柔軟に書き替えるべきなのです。

ただ、通常のマニフェスト、平時のマニフェストを、いつでも危機だ、例外状況だといってしばしば書き替える、そういうことを勧めているのではありません。本当の危機がやってきたときにマニフェストを書き替える。我々の言葉で言うと教科書を書き替えるような事態が起きたときです。冷戦が終わるとか、今回の金融危機が起きるというのは、教科書を書き替えるような事態が起きたわけです。

そのときに新しいマニフェストを書く、あるいは修正すべきです。ただし修正すべきといっても、いま自民党政権などが行っているように、単に小泉時代のマニフェストを否定するということではありません。未曾有の金融危機だから書き替えるという部分と、小泉さん、竹中さんの時代のものは嫌だから、その前に戻そうという書き替えと、両者が混在しているわけです。そのために見ているほうはよくわからない。どちらが本音なのかよくわからなくなってしまうのです。

国民、有権者に対して、書き替えたことを伝える。そしてなぜ書き替えたのかを説明すべきです。「世界金融危機という問題に対して古いマニフェスト、つまり数年前に書いたマニフェストは対応できない。教科書を書き替えるような新しい事態が発生したので、それに対して修正版マニフェスト、バージョンを変えたマニフェストをつくりました」と伝える。そして、十分納得いく形で説明すべきだと思います。

危機におけるマニフェスト

これはいま世界中の政治家、世界中の政権がぶち当たっている問題です。だから知事であろうと、首相であろうと、大統領であろうと直面しています。ただ、オバマさんの場合には新大統領として金融危機ということを前提に大統領になったので、書き替える必要はないのですが、選挙戦をずっと見ていると、危機をうまく利用して大統領になった。マケインさんが勝つかもしれなかったけれども、危機に対する対応能力の差でオバマ大統領が生まれたとも言えるのです。だから危機で得をした人かもしれません。

危機がいつもある政党にとって得になるとは限りませんが、例外状況における意思決定ができるか、できないかというのは政治家の能力そのものです。そういう意味で危機におけるマニフェストというのは、四年間、あるいは五年間、固定して一字一句変えてはいけないというものではない。方向性を示すものです。方向性の中で新しい事態に対応するためのダイナミズムが、マニフェストの中に内在的にはあるのだと思います。ですからそのことに対して、まさしく今度は政治家なり、その国の能力なりが問われているのだろうと思います。それは日韓ともにそうです。

その意味で、日本のマニフェストの総括が、来年ソウルで行われる第四回目の大会に先送りされてしまうというのがちょっと残念です。今年は総括ができないので、来年あるいは再来年の大会を期待していただきたいということで私の報告を終わります。

4　日本側コメント　実践する場からマニフェストの進化のために　佐賀県知事　古川　康

アンニョンハセヨ。佐賀県知事の古川でございます。数年前から韓国語も勉強しておりますが、本日は日本語で発表させていただきます。

私はいくつかの立場を持っています。一つは、松沢知事とちょうど同じタイミングで二〇〇三年の佐賀県の知事選挙に初当選し、そのときに日本で初めてマニフェストをつくった経験者という立場です。二つめは、こうしたマニフェストに日本で取り組んでいる首長や議員と一緒にマニフェストを広めていこうという運動をやっている集まりの代表を務めています。三つめは、日本の知事の集まりである全国知事会において、国政のマニフェストに対して意見を言い、また評価をする、その特別委員会の代表も務めています。

日本のマニフェストの歴史

一五分ほどお時間をいただきますが、最初に日本のマニフェストの歴史について簡単にお話をさせていただきます。二〇〇三年、日本で初めてマニフェストという言葉を使って選挙に立候補したとき、日本の選挙を規制する法律である公職選挙法という法律にはもちろんマニフェストという言葉はありませんでした。日本の公職選挙法では、選挙が正式に告示され、スタートすると、法律に書いてある文書しか配ってはいけないという決まりになっています。自分でつくった文章を配ることは法律違反として厳しく禁止され、新聞形式で何人もの候補者が同じ小さなスペースの中で自分の主張を展開できるものが一回配られるだけ。そして知事選挙の場合には、政見放送という形でわずか数分、有権者に対して自分の信じるところを述べる機会が与えられる。この程度のものです。

ところがマニフェストというのは、私たち候補者が有権者に対して約束することを、いつまでにやるのか、どういう方法でやるのかという細かなことを書き込んで示すものです。それだけにたくさんの内容を詰め込むことになりますし、スペースも必要、それを説明する時間も必要です。しかしながら残念なことに、自分が知事になったら何をするのかということをきちんと本にすること、きちんと説明すること自体が、公職選挙法では選挙違反になってしまうという状態が当時ありました。

マニフェストの曙光の珍問答

松沢知事は一期目にも非常に分厚いマニフェストをつくられました。このマニフェストを本という形で出版されたので、そこは公職選挙法違反の問題は生じませんでしたが、その本の中では、「ですから神奈川県知事候補の松沢に一票を投じてください」というお願いをすることはもちろんできませんでした。私も同じでした。私も自分自身でマニフェストを書き始めて四九の項目をまとめましたが、そのまとめた段階で選挙管理委員会に持っていきました。その中には、「私はこんな知事になりたいと思います、県民と共にある知事、現場こそが知事室であるという、そういう開かれた県政、そういう知事をめざします」ということを書いていました。

選挙管理委員会からはそこを指摘されました。

「こんな知事になりたい、ということは、古川さん、あなたは佐賀県知事選挙に出るということですね」

と聞かれました。

「もちろんそのつもりです。だからつくっています」

「そこが問題なんです」

「なぜですか」

「特定の選挙に対して自分に入れてくれという表現をするのは選挙期間前にはすべきでない。そしてもし選挙が始まったらこんな文書は法定外文書なので配るべきではな

古川　康（佐賀県知事、全国知事会マニフェスト委員会委員長、ローカルマニフェスト推進首長連盟代表）

1982年、東京大学法学部卒業後、自治省に入省。長野県企画局企画課長、自治大臣秘書官、長崎県総務部長などを務める。2003年、佐賀県知事に初当選、現在2期目。

著書：『別冊　古川　康』（2006年）、『現代信州の基礎知識　Hamidas 1990』（1989年）　ほか多数

い」

「じゃあ、どう書けばいいんでしょうか」と私は尋ねました。すると「『こんな知事になります』という表現はよくない。『こんな佐賀県をめざします』だったらいい」と言われたのです。

「それはなぜでしょうか」とこわごわお尋ねをしたところ、

「こんな佐賀県をめざしますという表現なら、知事選挙と同時に施行される佐賀県議会議員選挙とどちらに出るのか区別がつかなくなるからだ」と言われたのです。

「私は県議会議員に出るつもりはないのです」と申し上げましたが、

「いやそんなことを聞いているんじゃない。見た人が県議に出るのかもしれないという迷う可能性が残っていれば、それで大丈夫だ」ということだったのです。

それが二〇〇三年の春の状況でした。

マニフェストをつくりますかというマスコミからの問いかけに対して、つくりますと答えたのも六人出た知事選の候補者の中で私だけでした。

そして残念なことに、私のつくったマニフェストは多くの人の目に触れることにはなりませんでした。でも私は、数の問題ではなく自分自身の政治家としての信条として、有権者の方々にお約束したことを実行するのが政治家の務めだ、それによって政治に対する信頼を取り戻すことができるはずだ、そう信じて四年間やってきました。

ただ知事として実際にやっていくときには、特に議会からはマニフェストに対する厳しい指摘がずいぶん続きました。おそらく松沢知事も同じではなかったかと思います。議会からの指摘はこうでした。先ほど曽根先生からもお話がありましたし、韓国からの報告の中にも入っていたと思いますが、有権者は本当にマニフェストを見たのか。見て、君のマニフェストの項目のどこに賛同して票を入れたのかということがまったくわからないではないかということでした。たくさんの事柄をマニフェストに詰め込んで、自分が当選したから、この項目すべてを実行するというのはいささか乱暴ではないのか。こういった議論がずいぶん続きました。

私は、選挙で約束をしたことを実行するのが政治家の、特に執行権を持つ知事や市町村長の仕事だと思うということを議会の中で答弁し続けてきましたが、これについては今なお議会との間で一致点は見られていません。むしろその意味においては、政党政治である国政のほうが、マニフェストをまとめ、それを掲げて選挙に臨み、勝ったほうがそれを実行していくという姿が実現される可能性があるようにも思っています。

国民の判断材料としてのマニフェストを

もちろん現在の日本の国会は衆議院と参議院で状況が違いますので、それをどう実現するのかということについては、曽根先生からお話のあったようなハードルを越えていくことが必要になりますが、少なくとも韓国の大統領選挙や候補者選びのときにハンナラ党でされたようなさまざまな討論や対話を繰り返し、マニフェストの項目を練り上げていって、各分野を網羅するものをつくり上げるという作業は、私や松沢さんのように無所属で立候補をして、自分や少数のスタッフだけでマニフェストをつくらなければいけないというのとはずいぶん状況が違うように思います。

ただ私は、日本の国政におけるマニフェスト、代表的な政党の自民党、公明党、民主党のマニフェストを常に比べる立場にいますが、見ていてわからなくなることがよくあります。例えば「農山漁村を元気にしていきます」ということが書いてあります。これは何党のマニフェストでしょう。見ていてわかりません。ほとんど政党によって違いのない政策もたくさんあります。日本ではいまお医者さんが足りないということが大きな問題になっています。看護師さんも足りません。こういう問題の解決についても各党とも同じようなことを掲げています。

本来のマニフェストというのは、自分たちの政党がやりたいことをたくさん書き込んでしまうのではなく、国民が非常に関心のある事柄、そして政党間で主張の異なる事柄について、どちらの政党の主張のほうがいいのかということを国民が判断できる材料に絞るということも一つの考え方ではないかと思っています。全国知事会の代表者としての場や、マニフェスト運動を進めていく首長連盟の立場として、そうしたことを国政の責任者に対しても提案し続けているところです。

全国知事会では、これまで国政選挙の前ごとに自民党、民主党、公明党の三つの政党のマニフェストのうち、地方分権に関わるものを見比べて、それぞれに点数を付け、佐々木代表や曽根先生が主宰をされている二一世紀臨調が主催する公開討論会の場で発表してきました。我が国の中にあるいくつかの市民団体や、こうした政治についての研究を行っている学者の団体の方々がそれぞれ得意分野を持ち寄って、それぞれの政党のマニフェストの評価を行ってきました。

ただ私たちが思っているのは、評価というものはあくまでも出たものについての後追いになります。本当に必要なことは、総選挙が行われる前に各党それぞれに、もっときちんとしたマニフェストをつくることを訴えること。そしてそういうプロセスを何度も経ていく中で、それぞれの政党の中でも議論をしていただいて、よりよいマニフェストにブラッシュアップをしてもらうことではないだろうかと私どもは考えています。そうしてこそマニフェスト政治の進展があるのではないだろうか。そんな気がしています。

政策の羅列ではなく、具体的な未来を

さて、私は松沢知事と同様、二〇〇七年の選挙で再び知事選挙に挑戦し、それぞれ二期目の任期を獲得することができました。「マニフェスト大賞」では、私のつくったマニフェストは残念ながら僅差で松沢マニフェストに敗れ、第二位を獲得したとのことですが、みなさまにそのマニフェストの一部をご

覧いただきたいと思います。

私は二期目のマニフェストをつくるときにいくつかのことを考えました。一つは、日本の知事の任期は四年ですが、四年間だと劇的に地域や県政が変化するということをマニフェストに書き込むことが難しいということです。特に私は二期目です。一期目でずいぶん大きく変化をしました。県民と共に歩みながら県政をしていくことや、情報公開をしていくこと。いろんなところに情報発信をしていくこと。そうしたことはすでに一期目のときに書いていました。

そういう中で四年間でやることを積み上げていくと、ただ単に政策の羅列に過ぎないのではないかと考えていました。もっと有権者の方々に、地域がこうなるんだな、こんな地域になることをめざしているんだなといったことが分かるようなやり方はないのかとずいぶん悩みました。そこで考えたのは、私の任期は四年ですが、一〇年後の地域を絵にしてみようということでした。私は一〇年後の佐賀県がこうなりますということをマニフェストの絵本のような形にしました。そしてそれだけではなく、それをフラッシュムービーでまとめて、見れば分かるという形にもしてみました。

いまからみなさんに見ていただくのは、その私のマニフェストです。「暮らしのマニフェスト」と「仕事のマニフェスト」の二部にわかれているのですが、「暮らしのマニフェスト」の最初のほうに出てくるものです。ほかの知事さんのマニフェストには書かれていない事柄が出てきますので、楽しみながら見ていただければと思います。それでは今から流してください。お願いします。

【フラッシュムービー】

（陽菜）　今日の朝ご飯当番はお父さん。最初は嫌がっていた朝ご飯当番だけど、最近ではこだわりの朝ご飯だとか言って、家の庭で植えたいろんな野菜を食卓に並べている。実家が農家だった割にはあまり手伝いをしたことがなかったとお父さんは言うけど、あの年になってようやく、もう少しやっておけばよかったと感じているらしい。「おまえも将来、あのときもっとやっておけばと思わないように勉強しなさい」って私に言うのはやめて欲しいけどな。

おいし〜い！

（犬のフルフル）　パパさん、料理の腕上がったね。

（パパ）　ハハ…、いやー、ほめてもらうとますますやる気が出るよ。

こんな感じで、陽菜《ひな》ちゃんという中学生の女の子が主人公なのですが、ずっと暮らしのステージの中で、それぞれこうしていく、ああしていくということを語ります。その中で、例えばここは「朝ご飯を毎日食べる子供の割合を増やします」ということを書いています。そして佐賀県は男性が家事をする時間が最も短い県なのです。昔は褒められたのかもしれませんが、今は恥ずかしい時代になりました。たぶんこういったことを掲げた人はいないのではないかと思っています。

こういう形で、一〇年後の佐賀県の暮らしがこうなっているということをマニフェストにまとめてみました。私、古川康の個人のホームページに載っていますので、残念ながら日本語のみですが、ご興味のある方はぜひ見ていただければと思います。常にマニフェストも進化しています。変化しています。その内容や評価については、このあとのシンポジウムでまた皆様と一緒に考えていきたいと思います。報告を終わります。ありがとうございました。

第4章　マニフェスト選挙における選挙管理委員会の役割

1　韓国側報告　選管が大きな役割を果たした韓国のマニフェスト選挙

前韓国中央選挙管理委員会政策政党支援チーム長　徐仁徳《ソインドク》

選挙管理委員会の役割を中心に

みなさま、こんにちは。前の中央選挙管理委員会の政策政党支援チーム長を務めておりました徐仁徳と申します。現在は麗水《ヨス》市事務局に勤めております。

私がみなさまにご紹介する内容は、マニフェスト選挙における韓国の選挙管理委員会の役割についてです。私は二〇〇六年、地方選挙の際、選挙管理委員会の政策政党支援チーム長を務め、二〇〇七年の大統領選挙、そして一八代の国会選挙と合わせて三つの選挙にマニフェストを導入し、広げたチームの

徐 仁德（ソ インドク）（韓国中央選挙管理委員会）
1988年、地方公務員任用（全羅南道）。中央選挙管理委員会、全羅南道選挙管理委員会、ムアン郡選挙管理委員会、ヨス市選挙管理委員会などに勤務。06年から08年7月まで中央選挙管理委員会政党局政策政党支援チーム長として韓国マニフェスト導入にかかわる。531マニフェスト推進本部法律諮問委員、中央選挙管理委員会マニフェスト政策選挙推進センター副センター長、ヨス選挙管理委員会事務局長などを歴任。08年、選挙有功·大統領賞受賞。
著書：『マニフェストよい政策アジェンダ集』（2006年）、『マニフェスト実践協約文の分析および課題（論文）』（2006年）

チーム長として実務を担っていました。私のしてきた仕事から紹介することが韓国のマニフェストの全体的な紹介になるのではないかと思います。そして、韓国のマニフェストを自ら実践し、そして報告してくださいました金文洙知事、李柱榮議員、そして金永来教授にもこの場を借りて御礼申し上げます。

　私がお話しする内容は、まず、なぜ韓国の選挙管理委員会がマニフェストを迅速に普及させたのか。そしてそれと関連して選挙管理委員会の役割について申し上げたいと思います。そして次に、マスコミ、市民団体、有権者が見るマニフェストの認識と、それから選挙管理委員会の認識がそれぞれどうなっているのか。そしてどのように歩み寄ったかについて検討してから、それをもとに韓国のマニフェストを進める過程における選挙管理委員会の役割についてもお話ししたいと思います。

憲法上の機関としての選挙管理委員会

選挙管理委員会は一九六三年一月二一日に創設されました。一九六三年に憲法上の機関として創設される前は日本のように一般の行政機関の所属でした。そして多くの選挙、現在までに六千百何回の選挙を行ってきましたが、選挙は政治の発展に直接的、間接的に影響を及ぼしてきました。そのような過程を理解せずして韓国のマニフェストは理解できません。そして、韓国の選挙管理委員会はコペルニクス的転換をなし、自らの歴史における認識を通じて、選挙の発展に直接的、間接的に関与し、重要な役割を担ってきました。

一九八九年、東海市がやり直し選挙となったとき、選挙法違反行為をそのままにしておくことはできないとして、法的根拠がないにもかかわらず取締業務を導入して選挙文化を一新しました。

一九九四年、個別選挙法だった選挙法を効率化のために単一選挙法につくり変えました。いわゆる公職選挙法および選挙不正防止法です。別称、統合選挙法と言います。

二〇〇〇年二月には市民団体の落選運動が展開されましたが、(選挙の際に活動する) 市民団体の法的根拠を設けました。そして政治資金の規制などについても選挙管理委員会で行っています。

二〇〇五年八月には、二〇〇四年の国会議員の選挙が、金の掛からない最もクリーンな選挙として実施できたという評価の下に、選挙不正防止法を公職選挙法に改正しています。

そして、二〇〇六年五月にはマニフェストが導入されます。

このように選挙管理委員会は選挙文化の革新過程に直接的に関与し、政治発展に努力してきました。

候補者・政党中心でなく、有権者・マスコミ・選管がリード

なぜマニフェストを導入したのでしょうか。冒頭申し上げたように一七代の総選挙は最もクリーンな選挙であったという評価を受けました。しかし選挙管理委員会のレベルから、内実を見てみますと、政策競争という部分では大変不十分であり、未だに立ち後れた選挙慣行が残っていたわけです。国会議員選挙のときに金品選挙を防ぐことができた。選挙を統括する選挙管理委員会の立場から、それでは次の目標は何かというと、政策選挙であるということでした。そこで、二〇〇六年一月一日に政策政党支援チームを立ち上げ、マニフェストを導入することになったのです。

まとめますと、二〇〇六年五月三一日の地方選挙を、誹謗中傷選挙、ネガティブ・キャンペーン的であったそれまでの選挙を、政策競争、政策本位の選挙へと変え、新たな選挙文化をつくるために中央選挙管理委員会の立場から大胆にマニフェストを導入して進めることになりました。

今日も日本側からマニフェスト実践事例など、多くのビジョンについてのお話がありましたが、韓国のマニフェストは日本やイギリスのそれとは違っています。イギリスは政党中心のマニフェストです。今日発表があった日本の事例は候補者中心のマニフェストです。それとは異なり、韓国では、政党でも

なく、候補でもない第三の勢力、つまりマスコミとか選挙管理委員会、市民団体がリードしたので、マニフェストというものに新たな角度から光が当てられたわけです。すなわち、マニフェストを政策・選挙公約、政権戦略、または選挙契約書ではなく選挙文化の改善運動であり、選挙改革プログラムとして理解し、受け止めたわけです。

したがって韓国のマニフェストは中央選挙管理委員会が発掘し、リードしました。お配りした資料にも出ていますが、政党と候補は実現可能な公約を示し、有権者がそれを比較して候補を決めて投票し、当選者は自分の公約を実践するために努力し、また有権者は政策を公約したかどうか、その実践如何を公表し、その次の選挙に反映させるのです。

つまりマニフェストの当事者は政党候補者にもなりますし、政策公約を間に置いて、いわゆる取引をするわけです。候補者は政策公約を市場に出し、有権者はそれを見て購入することになるわけです。政党、そして候補者、有権者はマニフェストの受容者であり、そしてマニフェスト運動が複合的に展開されました。

マニフェストの広がり

図表1をご覧ください。政党候補者、有権者、そしてマスコミ、市民団体、選挙管理委員会。このように総合的にマニフェストが導入され、進められたわけですが、現在ではマニフェスト運動についての

図表1　マニフェスト循環サイクル

認知度はどのようになっているでしょうか。李柱榮議員は政策公約に対する理解度はあまり違いがないというお話をしてくださいましたが、現在韓国のマニフェスト運動の認知度を見てみますと、地方選挙のときには三一・五％でしたが、国会議員選挙が終わった頃には三九・五％、つまり一〇人のうち四人はマニフェスト運動について知っており、そして実践しているという回答がありました。しかしこのレベルに留まらず、公職選挙を超えて日常生活にまでマニフェストが急速に広がっています。金永来先生がおっしゃったように、結婚式場、または家庭、職場でそれぞれマニフェストが約束と実践という形で普及し、広がっています。

それでは、このようにマニフェスト運動を普及させてきたところに、我々の力がどのように働いていたかということですが、マニフェスト運動の創始期から各種キャンペーンを重ねることで雰囲気をつくり上げ、政党候補者がマニフェスト公約を作成できるように支援しました。また、政党候補者の政策公約を把握して、有権者がいろんな人のマニフェストを必ず見られるように、必ずそれを我々が伝えるということが最も大事なことでした。そのために中央選管のホームページにも以下のことを載せています。各候補者の基本的な立場、さまざまな課題・やりたいこと、本人の意見などです。このようにしてマニフェストをみなさんに広げるように私どもは取り組んできたわけです。

中央と地方の連携

中央選挙管理委員会が地方でも働き、地方の選挙にも手を出すようになりました。その活動には四つの根本がありました。国民すべてに対してマニフェストを広げる。一点目として、そのインフラをつくり上げるということ。二点目は候補者、有権者ともにマニフェストを十分に理解して実践をすることができるようにすること。それでなければ定着しません。三点目は、マスコミ、市民団体は政策などを十分に検証して、確認し、そして公正性を保つということ、そして、それを監視していくということです。選管委はそれについても助力をしてきました。四点目は、公職選挙だけではなく生活全体にマニフェストを広げていくということ。例えば国政とか地方の自治体の長だけではなく、農協とか大学の学長選挙といったものとか、さまざまなところでマニフェストというものが生活化していくところまで我々は普及に力を入れてきたわけです。

そして、まずインフラ構築として我々が何をしてきたか。高速道路は車のため必要なインフラです。ですからマニフェストを広げるためにも高速道路に当たるインフラが必要なわけです。

まずマニフェストを進め、普及させるために対策班をつくり、活動を広げていけるようにしました。それからマニフェストを政治家も有権者が伝え、皆さんがそれを手にするためには動力も必要なのです。先ほど李議員からもお話がありましたが、動力というのは、届ける活動をしていくための予算です。予算を確保しなければならないのです。

それだけではなく、それぞれの選挙に合ったマニフェストの開発も必要になりました。参考に言えば、二〇〇六年五月の地方選挙には本予算がなく、予備費として一一億ウォンを確保して執行しました。この前の大統領選挙のときは地方選挙のときよりもさらに大きい予算が確保され、二三億ウォンぐらいになりました。それから一八代の大統領選挙のときには一九億五〇〇〇万ウォンが予算として立てられました。予算の確保ということは選管の立場としてはマニフェストを進めていく上で一つの動力であり、パワーとして、本当に大きな力を果たしたと言えます。

市民団体が果たす重要な役割

次に、市民団体はそれではそのまま放置しておいたのか。マスコミと市民団体も予算を支援して、ガイドラインをつくって、そのガイドラインの範囲の中でマニフェストをつくっていけるように努力しました。それに違反すれば、それに対しての批判とか司法的な処置などが必要です。そこで公正性が担保されることになります。

政党、それから候補者がマニフェストを理解して実践していかなければならないのですが、こちらはいったいどうしたらいいのでしょうか。日本にあるかどうかわかりませんが、韓国では市民団体が、候補者向けのマニフェスト・アカデミーというものをつくって勉強させるというようなこともしています。

それだけではありません。候補者用のガイドブックもつくり、渡します。マニフェスト的な公約をうまくつくることができるようにイシューも開発して彼らに与えていきます。

有権者のほうでは何をするかと言うと、こちらは中央選管が各地の選管と一緒に活動していきます。有権者がマニフェストを十分理解してこそマニフェスト政治というものは定着していくわけですから、市、道、区などの各地域の下部団体への説明会をまず行いました。今ここにいらっしゃる皆さんも有権者ですよね。各地域の選挙管理委員会はみなさんのような方々を対象として、さまざまな形でマニフェストを宣伝していったわけです。先ほどマニフェストの認知度は三九・五％と申し上げましたが、そうした数字になって表れています。

候補者の選挙がマニフェスト化していくというだけでは足りません。オン・オフライン上で有権者たちによく案内すること、それから公約をチェックして有権者向けのガイドブックもつくり、普及しました。そこには、公約実現性などさまざまな要素が入り、有権者が家で直接公約を評価できるようにしました。

選管に対する批判と評価、そして立法化

横浜のこのみなとみらい地域には遊園地のようなところがあるんですね。観覧車が一回転するのに一時間ぐらいだというお話だったのですが大きな時計のようなものですね。マニフェストの動きを時計でたとえると、一時、二時、三時という地点に、有権者、候補者、市民、マスコミ団体など様々な主体があって、

①全国民
⇒ マニフェストへの参加および周知のためのインフラ構築および雰囲気づくり
②政党と候補者・有権者
⇒ マニフェストの理解の拡大と実践力の育成
③マスコミと市民団体
⇒ マニフェスト推進活動の奨励支援および公正性の確保
④日常生活
⇒ 組合長などの身近な選挙と、暮らしの中のマニフェスト適用拡大

図表2 マニフェスト推進のための各主体の役割

ぐるっと一回りとりまいている。その真ん中、針の中心のところに中央選管があるということです。皆さん、十分に理解していただけるでしょうか。選挙管理委員会の役割について十分にみなさんも考えてみてください。

中央選管に対する信頼評価というものが昨年出ています。中央日報という新聞と、ある研究所が韓国社会の二五の公的な機関について、影響力がどれぐらいあるか、信頼度がどれだけあるか調べたものですが、我々中央選管は四位でした。信頼度は最高裁判所とか、そういったもののあとに次いで選管が四位の信頼を得たのです。ですから国民からの絶対的な信頼を我々中央選管は確保していると言うことができます。この信頼を基として、その土台の上にマニフェスト運動を展開してきたので、マスコミ、市民団体が同調してくれたということです。それから運動をリードしてきた市民団体がさまざまな役割を果たしてくれて韓国ではマニフェストが定着していきました。

では、選管はどういった位置でマニフェストを推進してきたのか。選管は、直接マニフェストを進めていくという立場ではなく、後方支援を

してきた、支援者としての役割をしてきたのです。基本的には支援者としてマニフェストを進めてきたわけですが、選管が主導的にやってきた部分についてプラスの評価をしてくれているところもあります。マスコミや政治家からもそういったよい評価はあります。しかし政界の一部からは、選管がこのようにリードしてマニフェストを進めてきたということにはマイナスの面もあるという声もあります。マニフェストの当事者である政党や候補者の権利を侵害しているというのです。それから感情的に流れ過ぎるという指摘があります。また、マニフェストが持続的に推進されなければならないのに、選挙の時だけになってしまう。その点に問題があるというような指摘が政界からは出てきました。

私が国会に答えとして書面をつくりました。それからまたマスコミに対しても準備をしました。その内容はこういったものです。韓国では、「マニフェスト運動の主体」と「マニフェストの主体」がそれぞれ違うということを強調しました。政党の候補者たちは政策公約を発表します。選管がやるのではありません。マスコミと市民団体は候補者の公約を検証したり評価したりします。これは選管がやるわけではないのです。しかし、有権者は広く発表はできない。ですからその部分を選管が担う。マニフェストがうまく定着していくための後方的な支援の役割を選管がしてきたということです。

マニフェストに関連した改正法を出して、二〇〇八年二月一九日、選挙管理委員会によるマニフェスト促進が立法化されました。中央選管はこのようにマスコミや市民の批判にさらされながらも、同時に、公共の目的のために立法化という結果を出すことができたのです。ですから今後の中央選管の方向は現在のままでとどまるわけではありません。

これからの選管の役割

今後も政策選挙という大きなフレームワークに向けて進まなくてはいけません。韓国のマニフェストはいまだに進行中です。そして広がっていく途中の段階です。すべて進行するまで選挙管理委員会は何らかの役割を果たさなくてはなりません。これまでの運動を続け、促進活動を強化していきます。一方で、最も懸念されることはマスコミとか市民団体が政策公約についての検証を出すときに公正性をちゃんと担保できるかということです。この監視活動も強化すべきであります。一方、市民団体やマスコミだけが動いて実現するということではありません。公正性を担保する制度がなくてはいけません。いま大統領選挙、地方選挙、政党に限定してマニフェストが適用されていますが、今後はすべての選挙でマニフェストが適用できるよう、中央選挙管理委員会の立場でも制度化に向けて努力を傾けることが急務だと思います。

また、中央選挙管理委員会は市民意識の改善をやっています。選挙のときだけマニフェスト運動を展開しているのではなく、常に持続的にマニフェストが展開できるよう、積極的な関心を高めることも必要だと思います。

本日の私の発表が日本と韓国の選挙と政治発展に多少なりともお役に立てれば幸いです。

2　日本側コメント　選挙管理委員会の本来を考える　明るい選挙推進協会会長　佐々木毅

権限の強い韓国の選挙管理委員会

ご紹介いただきました佐々木でございます。私は、マニフェストと選挙管理委員会というテーマについてお話ししたいと思います。

日本の選挙管理委員会の活動については、すでに多くの方はご案内の通りと思いますので、少し省略しながらお話しします。韓国と日本の選挙管理委員会を、私がざっと比べてみた感じでは、非常に大きな違いがあります。韓国の選挙管理委員会は極めて強力な権限、我々から見れば司法的な権限もたくさん持っています。調査権限も持っています。そういった意味では日本の選挙管理委員会とはまったく違う。組織的にも大きいのでしょうが、大変大きな権限を持っているという面で、日本とは非常に状況が違うということを第一印象として持っています。普通は警察が行うような活動、争いに関わることも選挙管理委員会が関与するというのが韓国の仕組みです。

マニフェストの配布と選管

話の前提としては、日本では選挙運動期間中における文書図画の配布について、非常に厳しい制限が

佐々木　毅（明るい選挙推進協会会長、新しい日本をつくる国民会議代表、学習院大学教授）

東京大学法学部教授、法学部長などを経て、2001 年より 05 年まで東京大学総長を務める。2005 年より、学習院大学法学部教授。

専門分野：政治学、政治学史

著書：『民主主義という不思議な仕組み』（2007 年）、『政治学は何を考えてきたか』（2006 年）、『知識基盤社会と大学の挑戦－国立大学法人化を超えて』（2006 年）　ほか多数

課せられています。マニフェストの問題は基本的にその文書図画の世界の問題としてこれまで議論されてまいりました。そして、二〇〇三年から、先ほど来お話がございましたように、国政選挙については政党がパンフレットまたは書籍という形でマニフェストを頒布することが法律で認められるようになったわけです。

その形式等については制限はありませんが、配る場所には制限があります。選挙事務所、演説会の会場、街頭演説の場所でこれを配る。それ以外のところでは配ってはいけない。したがって頒布が許されるのは選挙運動期間です。そのため先ほど古川知事がおっしゃったように、事前に私は知事選挙に立候補しますからマニフェストを広く配布したいという格好で文書を持っていきますと、選挙管理委員会でいろいろ嫌みを言われたり、いろいろな障害に遭うことになるわけです。マニフェスト頒布の期間、場所が限られているとい

うことが日本の現況です。

それと形状は違うのですが、いわゆるビラが選挙運動期間中に配布され、その中に政策に関わるものも入っているということがあります。これについては政党のほか、候補者個人も発行できるわけですが、紙の大きさ、それから枚数に制限があります。

どのようにこの枚数の制限をするかと言うと、選挙管理委員会が発行する証紙によってこれをコントロールします。一言で言えば選挙管理委員会は証紙を発行する機関であるということになるわけです。これも選挙事務所とか、先ほど言ったような配布できる場所が制限されていますが、新聞の折り込みもできるということで、少し広いということです。

ローカル・マニフェストの制限

それから先ほどの古川さんのお話にも関わると思いますが、二〇〇七年の公職選挙法の改正によって、地方自治体の首長選挙において、いわゆるマニフェスト的なるものを配布する、頒布することが法律上正式に認められるようになりました。したがって古川さんや松沢さんが最初に出られたときはダメだということでしたが、二回目に立候補されたときはそれが認められることになりました。

これまで、候補者はハガキという形で自分の意思を伝えることができたわけですが、ここでビラの頒布という形でローカル・マニフェストが首長選挙において認められたということになりました。これも若干配布の場所等の制限はあるのですが、他にA４以内であるとか、知事選挙では一〇万枚から三〇万枚といった枚数の制限もあります。恐らく神奈川県あたりでは非常に枚数が不足するのではないかと思うのですが。町村長選挙ぐらいになりますと五〇〇〇枚までというような格好で制限が加えられているわけです。これが日本の実情です。

選挙管理委員会も別に古川さんに意地悪をしようと思って意地悪したのではないけれども、こういう制度の中で動いているものですから、いろいろ言わなくてはならないということです。ちなみにこの明るい選挙推進協会というのは選挙管理に関わった人たちの全国的な組織です。そこでいろいろ情報交換等をやるわけで、かくべつ制度の見直し等を主張する団体とはいささか違うものであると会長自身認識しているところでございます。

先ほどたまたまポケットを見ましたらこういうものが出てきました。明るい選挙推進協会では、チラシを付けたティッシュなどを配っているわけです。我が家はずいぶん大切に物を使うものですから、まだ残っていました。これは「二〇〇五年九月一一日は衆議院議員選挙です。みんなで投票、大切な一票」と書いてあります。投票率を上げるというのが明るい選挙推進協会の非常に大きなテーマです。そういうこともありまして、マニフェストの問題とは接点がしっくり合っていないというところがあろうかと思います。

公職選挙法における選挙運動期間の撤廃を

残された時間で若干課題についてお話ししたいと思います。私自身はかねてから公職選挙法というのは非常に問題が多いと感じてまいりました。北川さんや曽根さん、古川さん、松沢さん、皆さんと一緒にこれをなんとか変えなければいけないと考えてきた人間の一人です。一つの大きな問題は、選挙運動期間です。政治運動について選挙運動期間をまったく別の世界に法的にデザインしているということが日本の一つの大きな特徴です。ですから、選挙運動期間になると、あれもしてはいけない、これもしてはいけないという話がたくさん出てくる。選挙運動期間になると、急に静かになるというか、何もしなくなるという、妙な話になるわけで、たぶんお隣の韓国とはだいぶ様相を異にすると私は推測していま す。

マニフェストは、政党が営々と政策の検討をした上で、練りに練って出してくる重要な文書ですから広く伝えたいのに、選挙運動期間という非常に人為的な概念を使って政治活動を非常に狭い範囲に制限するというのは、国民の政治意識の発展にとっても極めてマイナスではないかと思います。選挙運動期間という概念がなくなりさえすれば選挙管理委員会は古川さんに嫌みを言う必要もなくなり、みんな好きなときに好きなだけマニフェストを読んでもらえる。駅でちょっとマニフェストを買って読んでみるというような姿が実現できるのではないかと私自身は考えています。

そうすると選挙管理委員会の仕事がなくなりますから楽になる。選挙管理委員会は、もっぱら誰が有権者であるかを確定し、投票のプロセスを公正に管理して、選挙の結果を出すという、本来の役割に限るということで、そのアイデンティティーをはっきりさせることができるのではないかと考えているところです。

韓国と日本とのいろいろな制度的な枠組みは違うのですが、日本において公職選挙法の問題を含めてさまざまな課題があるという認識を最後に述べまして、今日の私の話とさせていただきます。ありがとうございました。

第5章　マニフェストの評価と発展：日韓比較

【パネルディスカッション】
――日韓におけるローカル・マニフェスト及びパーティ・マニフェストの今後の展望

パネリスト
李柱榮・韓国国会議員
金永来・亜洲大学教授
徐仁德・韓国中央選挙管理委員会政策支援前チーム長
北川正恭・早稲田大学大学院教授
古川康・佐賀県知事
松沢成文・神奈川県知事
コーディネーター
曽根泰教・日韓交流国際学術大会実行委員会委員長

マニフェストをアジアに広げよう

曽根　このパネルディスカッションは、それぞれの発表にあったたくさんの課題、問題点、あるいは提言の中から、いくつかのテーマを選んで議論をしたいと思います。まず一言ずつ、今まで発表をお聞きになってご感想なり、この問題を少し深く議論をしたいということがございますか。北川さんからお願いします。

北川　北川正恭でございます。今日のシンポジウムにあたり、日韓の関係者のご努力に敬意を表させていただきます。

マニフェスト型選挙はイギリスを発祥の地としています。日本では、お願い型選挙から約束・契約型の選挙に変えよう、それがアジア型風土に合うか、合わないかということからスタートして、今日ここにいらっしゃるみなさん方が、それぞれ同志としてマニフェスト型選挙に取り組んできました。

日本の情実選挙を変えるためには、まず中選挙区制という国政選挙を変える必要がありました。中選挙区制の場合には同じ政党から複数が出ますから、どうしてもサービス合戦になって政策合戦にはなりにくい。そこで小選挙区制にすべきだということになって、一九九六年の総選挙から小選挙区制になりました。そうなると、政策中心の選挙になります。議会制民主主義の先輩であるイギリスなどがさまざまな汚職腐敗の選挙を経験して、一つの到達点としてマニフェストで選挙をしている。これを取り入れようということで、曽根先生や佐々木毅先生と一緒に日本でもやろうと考えたのです。政治改革として小選挙区制、選挙制度の改革から、次には選挙の中でも公約に絞って民主主義のありようを変えていこうということで、マニフェストに取り組んできました。

そして、曽根教授や松沢知事が尽力されて、韓国でマニフェストはどうかということで訪問され、研究、交流されたところ、現在韓国では、見事に選挙管理委員会や金先生を中心に大変な成長を見たということです。日本の場合も国内で議論することも大切ですが、韓国でも取り組まれているということの相乗効果はたいへん大きいと思いますから、マニフェスト運動が、これから台湾、あるいは東南アジアへと輸出されて、それぞれが共鳴し合って進化していくことが大切です。今回のシンポジウムは日本で行われまし

北川　正恭（早稲田大学大学院教授、早稲田大学マニフェスト研究所所長）

1967年、早稲田大学卒業。三重県議会議員（3期）、衆議院議員（4期）などを経て、1995年より三重県知事を2期務める。2003年より早稲田大学大学院公共経営研究科教授、2004年、早稲田大学マニフェスト研究所設立、所長就任。

著書：『マニフェスト進化論～地域から始まる第二の民権運動～』（2007年）、『マニフェスト革命～自立した地方政府をつくるために～』（2006年）、『生活者起点の「行政革命」』（2004年）、ほか多数

たが、私も昨年には韓国にお邪魔しました。このように相互交流が行われて、日韓がアジアの民主主義を達成することができればと思います。本日のお話をお聞きして大変心強く思いましたから、これを一つのきっかけにして大きく成長していければというのが素直な感想です。

曽根　古川さん、ご指摘をされたい点がありましたらどうぞ。

古川　私が一番興味を持ったのは、韓国のマニフェストにおいて財源というものが示されているのかということです。日本の国政選挙でも消費税をマニフェストに入れるかどうかということがテーマになっていますが、韓国のマニフェストにおいて、例えば増税をするとか、こういう政策をやっていくのに財源はどうするかということが、どれぐらい明確になっているかということに興味があります。

曽根　松沢さん、お願いします。

松沢　今までの先生方の発表を聞いていて感じたことがいろいろありました。どういうマニフェストがいいマニフェストなのか、古川マニフェストと松沢マニフェストを比べてどちらがいいのか、ということもありました。しかし、まず、重要だと思うのは、マニフェストはどうあるべきなのかという議題ではないのです。マニフェストそのものはそれぞれが研究しながら、批判にも耐えながら進化させていけばいいと思うのです。いま一番重要なのは、そのマニフェストを選挙のときにどれだけ有効に使ってもらえるか、またそれを可能にする選挙の基盤というか風土をつくれるかです。マニフェストを機能させる基盤の問題です。

そこで一番興味があったのは選挙管理委員を務められた徐さんの発表です。お話には驚きました。選挙管理委員会というと、日本では公正中立の権化みたいなところです。ですから法律に触れそうなことは絶対にやらせないと、監視、監視で、疑わしきは罰する感じです。ですから、極端に言えば、選管の言うことを聞いていたら何もできないのが日本の選挙なのです。

ところが韓国の選挙管理委員会は、マニフェストが機能するようにどんどんサポートしますよという発想です。韓国のほうはかなり積極的、能動的です。このままいったら、韓国のほうがマニフェストはどんどん効果が出てきてしまうのではないかと思うぐらい私は危機感を持ちました。

マニフェストを選挙のときにつくることはだいぶ常態化してきましたが、私の提案は、マニフェストがどうあるべきかという内容の問題よりも、そのマニフェストを、いかに国民有権者に知らせて、よく勉強された上でいい判断をしてもらうかということです。そして、いかに、いい政権、いい候補者を選んでもらうか。それをまたどうチェックしていくか。この基盤整備みたいなところについて少し議論できればと思います。

韓国におけるマニフェストのためのシステム

曽根　李国会議員、今日の議論の中で提言あるいは気が付いたことがあったらお願いします。

李　多くの示唆を日本側の発表者の皆さんから得ることができました。その中でも、提示された政策をどう実現するかといった点もかなり重要な争点になり得るという印象を受けました。日本では衆議院と参議院の党派構成が異なる「ねじれ」が起きています。自民党が進めようという政策が参議院でうまく通過しないというお話を伺いました。韓国では李明博大統領が示したさまざまな政策を後押しする法案が、現在国会で、与党ハンナラ党が絶対多数の議席を持っているにもかかわらず、野党の物理的な妨害によって通過できない、可決されていないという状況があります。それによって大統領選挙のときに国民が示した民意をきちんと法案に反映できていないという状況が起きています。こういった問題をどのように克服すればいいのかということについて日本側のご意見を伺いたいと思いました。

金　日本の松沢知事、古川知事のお話は非常に参考になりました。それから先ほど、北川教授からの、マニフェストを東南アジアにともに輸出しようという提案について私も全面的に賛成します。私は、去年五月に台湾の政治大学で選挙管理関係のセミナーがあり、同様のお話をしました。この五月にも台湾に行く予定ですが、そのときもマニフェストを広げていく提案をしたいと思っております。

こうした提案は非常に意味があると思います。なぜかと言うと、マニフェストはご承知の通りイギリスでスタートし、日本に伝わりました。しかし韓国は権力構造が日本とは異なります。韓国は大統領中心制です。東南アジアの国は、一部国家は内閣責任制、一部国家は大統領制です。ですから、マニフェストを東南アジア諸国に広げ、そして世界に伝播するには、韓国で大統領中心制の下で発展したマニフェスト、そして日本の議院内閣制の下で発展したマニフェスト、二つのモデルケースによって普及・拡大させることができるのではないかと思うわけです。

二つめに私が申し上げたいことは、先ほども申し上げましたが、去年、韓国で総選挙があったときに、私はマニフェストの専門家としてハンナラ党の公認審査委員会に参加しましたが、その際、各候補者に議会活動の計画書を提出させました。日本では衆議院選挙が今年あると聞いていますが、日本の場合、公認申請を行うときにそういった制度があるのでしょうか。李柱榮議員もそういった活動計画書を作成して提出し、そして公認を得て当選されました。そして現在、その提出された活動計画書に沿った議会活動をされているということでした。もし、日本にそのような制度がないというのであれば、日本の衆議院選挙でも公認申請をするときにそういった制度を導入したらいかがかと思います。その国会議員の活動計画書には重要な四つが入らなければなりません。①まず議会活動の目標は何か。②いま韓国の抱えている国政の懸案、課題は何か。いろいろあるのでしょうが、そのうちの三つを書けというようなことがあります。③この四年間、現役の国会議員として活動をしたならば、どういう活動をしたから次もまたやりたいと思っているのか。市議会の議員の場合も同じです。市議会議員としてどのような活動をしてきたから、次にまたやりたいと思うのか。自分自身の四年間の活動を評価するということがあります。④もしも議員に当選したなら何をしたいのか。どういった活動をしたいのか。どういう法律をつくりたいのか。何を改正したいのか。そういったことについて具体的に書くということです。

先ほど李議員も言いましたが、四年後には我々がそれを評価することになります。果たしてその人が四年前にはこのような計画書を出したが、四年後に本当にそれをやったのかどうか評価します。ですからその内容ももちろん有権者に公開します。この議員はこういう活動をした、よくやった、よくやらなかったという評価です。我々は日本からマニフェストを導入しましたが、もし、日本でそうした制度がないのであれば、衆議院の選挙で取り入れるのも意味があるのではないかと思います。

曽根　徐さん、お願いいたします。

徐　韓国でマニフェストを今まで広めてきた経験からここに呼ばれていると思うのですが、まずはそのことについてお礼を申し上げたいと思います。実務者として今日みなさんのお話を聞いていたのですが、特に松沢知事が、どのマニフェストがいいのかということよりも、有権者に十分にマニフェストが届いて評価の対象となるような選挙の土壌をつくっていかなければならないとおっしゃいました。私は本当に同感いたしました。

日本と韓国の違いがどこにあるのかを考えると、まず第一に選挙管理委員会の役割にあると思います。日本の場合、選管は行政機関であり、韓国の場合は憲法上の権能機関という決め方も違うと思います。そういったところからも韓国と日本の選管の役割は違う。それからマスコミのあり方にも日韓で違いがあるような気がします。韓国のマスコミは激しいです。それから有権者の積極性も少し韓国と日本で違うと思います。韓国では運動をしようとなると、すごく運動するのです。行こうと誘われればデモにも行きます。これは、社会文化的な背景、歴史的な背景などがあるからそうなっているのだと思います。韓国がマニフェストを日本よりも遅く導入したのに急速に波及してきたというのも、そういった背景があるからでしょう。市民団体、マスコミ、選管がみんなで手を結び合って普及させてきたからだと思います。

ですから、マスコミ、市民団体、候補者の関係というところでも、日本は何か結び付きが緩いところがあるのではないかと考えるところもあります。さまざまな立場であっても、大局的な目で見てマニフェストをつくって、みんなで一緒にこれを推し進めていくという態度が必要だろうと思います。それから韓国ではいろいろなことがすでに制度化されています。時間があればまたそのお話もしたいと思いますが、マニフェストの関連の選挙法なども非常に細かい規定があります。日本はまだそこまで行っていないのではないかという感じがします。

韓国では、大統領選挙のときに、候補者は選挙公約集（マニフェスト）をペーパーでつくって出します。政党はいつでも政策公約集を販売することができます。そして、政党がつくるものについてはページ数の制約がありません。候補者がつくるものは三二ページ以内とされています。また、大統領選では、本選挙の際だけではなく、党内で候補者決めを行う予備選挙のときにも公約集はつくりますし、販売することができます。それから総選挙のときにもそのような公約集をつくって販売することができます。政党と候補者が公的にマニフェストを配ることができるように法ができているのです。

一方で、マニフェストを書く際の各事業の目標、履行期間、履行の方法、どのような行動、どのようなやり方でやらなければいけないかということについての決まりがあります。選管では、こうした制度についてもいろいろと手を入れています。地方選挙においてもそういったことを導入しているのですが、すべての選挙についてもマニフェストが導入されることになればいいと私は考えています。

マニフェストの制度の問題と日韓の違い

曽根　一通り問題提起をしていただきましたが、いくつかのポイントに集約できるのではないかと思います。

一つは制度に関わること。制度に関して、先ほど北川さんがおっしゃった、日本の中選挙区時代はマニフェスト選挙を行うことは難しかったということについてはその通りです。同じ政党から複数の候補者が出て、同じ政策を掲げて、でも私に入れてくださいという選挙には無理があります。自分が同一政党の他の人とどう違うかという選挙をやるしかない。ただ、自民党、公明党にはいま中選挙区を復活したいという動きがありますが、実は現実に行われている選挙はあるのです。日本の市町村議会は大選挙区、県会議員選挙は中選挙区がかなりある。場所によって、たとえば世田谷区の都議選は八議席です。そうすると同じ政党からの候補者がたくさんいるわけです。それでマニフェスト選挙ができますかという問題があって、ローカル・マニフェストのことを検討する場合には選挙制度のことまで考えていただきたいのです。これが制度に関わる一点目の問題です。

二点目は、韓国の大統領制についてです。大統領制であっても議会が言うことを聞かない。かつ国会で多数を持っていても、なかなか法案が通らない。物理的抵抗とおっしゃったのですが、どのように抵抗しているのかお聞きしたいのですけれども。それはともかく、実は日本の首長さんたちは大統領制なのです。議会の多数派が知事・市町村長と同じ政党とは限りません。知事、市町村長、特に市町村長の場合は、党派がはっきりとわからない場合もありますが、知事、市町村長で六割ぐらいの人が議会で多数与党ではないのではないか。つまり、議会で円満にサポートされるケースではなく、知事・市町村長は少数側であるけれども、その中で条例を通しているケースがけっこうあるのではないか。言ってみればアメリカで言う divided government、日本の国政で言うねじれ国会のようなものをすでに経験している、その経験を乗り越えている。そうであるにもかかわらず、現在、国政は依然としてねじれ国会だから何もできないと言って、そこで滞っているのです。この点については、特に松沢さんはかなり色々なことを乗り越えてこられていると思いますので、その経験談をお伝えいただきたい。

それから、日韓でいくつかの違いが具体例として指摘されました。一つは韓国では国会議員の候補者が、議会活動計画書を出せといわれることです。国会議員の候補者の選定のときに、金先生が、ハ

曽根泰教

ンナラ党の公認委員会のメンバーでそれを読んで、公認を決めたということです。日本でも、マニフェスト型に議員選挙を移行するために議会活動計画書みたいなものを出させてはどうか、それを公認の条件とする。また、その計画書の内容について四点指摘されて、日本にはありますかと問いかけられました。日本にはないですね。ただ日本の場合でも、公募制で公認候補者を決める場合にはそれをやっています。ですから、ないわけではないけれども一般的ではない。これは韓国から学ぶべき、参考になる事例です。

それから先ほど徐さんがおもしろいことをおっしゃいました。みなさん、お聞き逃しになったかどうかわからないのですが、選管にはホームページがありますとおっしゃいました。日本の選管はポスターを貼るためにベニヤ板の掲示板をつくります。ウェブサイトに掲示板をつくって、そこにいわゆる文書図画を貼るようにすれば一般的な文書図画頒布問題は解決するはずです。これは選挙管理委員会がやればいいわけです。

ところが日本では、選挙管理委員会は相変わらずベニヤ板で掲示板をつくっています。サイバースペース上につくろうとしない。先ほど日本は遅れているとおっしゃったけれども、遅れているのではなくて入口で間違えたというか、入口のところで例えば選挙期間と政治活動期間を分けてしまったために、あとでつじつまが合わない議論になってしまう。変な定義ですが、テレビ、映画、ネオンサイン、インターネットもみんな文書図画ということになってしまうと、文書図画の頒布規定に全部引っ掛かってしまう。これはインターネット選挙ができない理由になる。あるいはマニフェストを配るときにもそれに引っ掛かる。入口がずれているということがあって、今後これをどのように直すか。韓国をヒントに日本的に直すためにはどのような方法がいいのかといった課題があります。

選挙管理委員会の役割が日本と韓国とで非常に違うことは、みなさんお気づきになったと思います。佐々木さんは、選挙管理委員会は有権者の確定と投票、つまり投票における公正性、正確性を確保するということに特化していいのではないかとおっしゃっていました。しかし、韓国ではもっと踏み込んでやっているわけです。マニフェストのインフラをつくろうとしている。日本では、そうした活動は、佐々木さん、北川さん、私、あるいは松沢さんたちが入っている二一世紀臨調がやっています。だからインフラづくりは別の機関がやっているという役割分担が韓国との違いであるのかなと思います。私なりに整理すると、制度に関わるもの、現実に動かしているもの、あるいはすぐにもできそうなこと、法改正が必要なこと、あるいはマニフェストを普及させるためにどうしたらいいかということなどですが、具体的な提言など、今にも出てきそうですので、それをお聞きしたいと考えています。

地方議会とマニフェスト

曽根　また、会場から質問が来ています。これも議論の中で生かしていったらいいのではないかと思います。一つは私に来ているものです。「マニフェストをてこに、地方議会の新しい役割、新しい発想の契機になっているとの話がありましたが、具体的にはどういうことなのか」という質問。もう一つ、李議員に対する質問です。「マニフェストの項目のうち、達成の難しくなったものは国民の承認を得て延期するなど、柔軟に対処するとのことでした。これはコンピューター・ネットワークをつくって国民の民意をより頻繁に確認するというようなことで解決するのか。あるいはほかの具体案があればお聞かせください」という質問です。

マニフェストをてことした地方議会の活性化という、私への質問にお答えします。この会場にも、ローカル・マニフェストの推進に関わっている方がたくさんいらっしゃると思いますが、地方政治における一番大きなネックは議会に関することです。首長さんはマニフェストを書ける。執行権がありますし、予算編成権もあります。書いたマニフェストを実行することは、議会が承認してくれればという条件がありますが、できます。我々は毎年、「マニフェスト大賞」を設けて募集していますが、議会あるいは会派、議員個人で応募してくる方がたくさんいるのです。議会が書くマニフェスト、議会側から出てくるマニフェストは何かということです。予算執行権もない、かつ予算編成権がなくてできるのですか。それは普通に考えれば無理でしょうという話です。

しかし、地方議会は条例制定権その他があり、議会権能を使うとかなりのことができるし、今まで思いもよらなかったことを現実にやっているところがあるのです。例えば静岡市の静政会という会派がありますす。最大会派です（現在は分裂）。この人たちはマニフェストを書くのですが、最大会派ですから条例を制定することも可能ですし、市長さんが書くマニフェストに対抗することができる。だから対抗マニフェストをつくって、それを実行しなさいと市長に迫ることが可能なのです。だから市長のマニフェストをチェックすると同時に、議会側が書いたマニフェストを市長に実行させるということもやっています。

ですから議会というのはもっといろいろできる可能性があるのです。あまりこれを言ってしまうと、古川さんや松沢さんは困った立場になるかもしれませんが、議会というのは実は最大のマニフェストの評価者なのです。市民団体ではなく、シンクタンクでもなく、議会が国民の税金でもって首長のマニフェストをチェックする。第一義的にはそうでなくてはおかしいわけです。そういう意味でマニフェストはいろいろ新しい発想の契機になりますとお答えしたいと思います。この問題については、李議員にも後ほどお答えを含めて話していただきたいと思います。

問われる政党・政治家の意思

曽根　さて北川さん、マニフェストを何年かやってきて、かなり状況は進んだと思います。進んだけれども、今ぶつかっていることは何か。どこをもう少し進めたらいいのか。例えば文書図画の制限というようなこと、あるいは具体的な選挙でどこを進めるともうちょっと進むとお考えでしょうか。

北川　その前に一つ。松沢さんが、マニフェストの良し悪しもさることながら、それが機能しているかどうかということをおっしゃいました。私は曽根さんと一緒にマニフェスト大賞の審査委員をしていますが、去年、松沢さんがグランプリに輝きました。お断りしておきたいのは、古川さんはローカル・マニフェスト地方首長連盟の代表なのです。したがって審査委員の中で、その代表者が一位を取ってしまうのはどうかというところもあったのです。実力としては両方とも金だったのです。このあたりが政治的判断なのですね。それで松沢さんがグランプリを取られたということです。

今年のトップは浜松の鈴木市長さんです。松沢知事の出来栄えは非常によかったのですが、それもさることながら、松沢さんも鈴木さんもきちんと自分たちの総合計画にマニフェストを組み込み、そして二元代表の議会と対立することを恐れずに、ミッション・オリエンテッドでマニフェストを書き、地方政府を実現している。国レベルのナショナル・パーティのマニフェストよりは部分的ではありますけれども、松沢さん、古川さんは議会とも堂々と県民の前で議論すればいいじゃないかという姿勢をとっていて、最近はローカル・マニフェストの方が進化してきていると審査する立場からは感じます。すべての地域ではありませんので、全体が早くそのようになっていけばと思います。

最近、国会議員の中で、中選挙区制に戻そうという議論が起こりました。苦しくなってくると必ず制度に逃げ込むというのは、私も国会議員を長くしていましたからよくわかるわけです。しかし、中選挙区ではさまざまな問題で政策選挙は難しい。それよりも、曽根教授が指摘されたように、従来の文書図画の件については、ペーパー文化でウェブ文化を否定しています。政策を無制限に安く有権者に読んでもらうための公職選挙法改正をせずして政策中心になるかと言っても無理です。それを変えるのが先ではないか。あるいは世襲の問題についても、政党が本当に政策中心の選挙をやろうと努力しているか。また、いま韓国の方からご指摘いただいたような形で民主的な選挙をやろうという意思が政党に見られるか、ということが問われているのです。その欠落があって、世襲も平気で公認し、一方で政策選挙をしない。この政党の決意のなさの問題の方が私ははるかに大きいと思うわけです。したがってさまざまな条件整備をして、政策による選挙にしていかなければならない。

いま松沢さんのお話が出ましたが、今までの調整型の政治家ならば、禁煙条例をつくるなんて無謀なことをしないんです。すなわち、松沢さんはマニフェスト型の政治家だから、新しい価値をつくっていこうと取り組まれている。政治とはそうした判断を求めていくものだという習慣を、ローカルの場からつけていただいて、やがて国もそのようになるべきです。こうしたことがある意味で大統領制である地方自治体のいいところでもあるかという気がいたします。ローカルから選挙・政治が変わって、今年は総選挙ですから、ナショナル・パーティを変えていく運動をさらに続けていきたいと思っています。

マニフェストと議会―首長関係

曽根　古川さん、松沢さん、一つさっきから出ていたご質問で、大統領制である地方自治体の場合に議会とどうやって合意形成をするのか。松沢さんのほうが苦労の度合いが強いでしょうから、松沢さん、古川さんの順でお聞きしたいと思います。

松沢　日本の自治体は首長と議会の二元代表制ですから、関係を構築するのは大変難しいです。特に私は二回の知事選挙とも多数党が担ぐ候補に打ち勝って知事になっていますので、感情的にも反発から始まります。その野党的な立場が圧倒的に多い中で、私の場合は条例も一本つくりますと約束していますから大変な苦労です。

ただ、驚いたことに、私が先進条例をどんどんつくっていきますとマニフェストで掲げて、それに着手しますと、議会のほうも負けていられないということになってきました。神奈川県政は知事ばかり目立つということにはさせない、自分たちだってやろうと思えばできると、議員立法での条例がどんどん生まれてきたのです。例えば商店街活性化条例などがあります。また、私は神奈川県の自治基本条例を都道府県レベルでは初めてつくるということを公約にして、議会で二年間議論しています。すると議会も、知事に負けていられないと、三重県議会がつくっているのですが、議会基本条例をつくろうと取り組みをはじめました。それで私は、自治基本条例と議会基本条例は、自治基本条例の中に議会の規定もあり、非常に関連性の強い条例ですから一緒に議論して通しましょうと、自治基本条例を議会に提案したのです。ところが議会基本条例は、わずか一日の審議で通ってしまいましたが、私が提案している自治基本条例は継続審議となり通してもらえないという状況が続いています（二〇〇九年三月自治基本条例が制定された）。ですから、知事は忍耐だということですね。

受動喫煙防止条例は、既得権益を全部変えていく条例です。特にレストランやパチンコ店などの多くはみな反対です。また、議員さんたちも反対が多いわけです。それを何度もタウンミーティングをやったり、世論調査をやったり、議会と議論をしたりして、どうにか議員さんたちも賛成してくれる案まで、ある意味で妥協案ですけれども、持っていって通していくというのにはこれまた二年ぐらいかかるということですね。

それまで神奈川県政では知事が条例を出して否決されたことはほとんどなかったのです。ほぼオール与党でしたから本会議は実にスムーズなものでした。私が知事になって、一つの条例を通すのも一回の議会ではなかなか通らない。気にくわない点があると、継続審議だ、とずっと延ばされる。ただ、こちらもあきらめずにやっていますし、また私にはマニフェストで県民から信任をいただいているという重みがありますので、議会のみなさんも簡単に否決はできないのです。ただ、すんなり通していくと知事の手柄になって悔しいということで、相当激しい議論になります。

しかし、この激しい議論があるから、新聞などを通じて県民に伝わるのです。民主主義の発展にはこれが重要なのです。新聞は、議会と知事はけんかばかりで県政は大混乱と悪口ばかり書くのですが、私に言わせれば、議会と知事の議論が活性化して神奈川県政がこんなに注目されたことは今までなかったのではないかと思っています。

マニフェストの調整と進化

古川　私は二期目のマニフェストをつくるときには、一期の間に議会でどのような議論がされたかということを改めて勉強し直して、議員さんたちがぜひこれをやってくれと言われたことをずいぶん取り入れました。そうすることによって、ただ単なる私自身の思い付きなり趣味なりではなくて、しっかりとした四年間の議会の議論も自分なりに納得した上で入れ込みました。

そうしたことからも、一期目に議会で言われていたような、マニフェストというものは公職選挙法上まったく意味のないものだから、実施する必要はないという議論はさすがになくなりました。ただ、これだけ財政状況が厳しくなると政策の選択をしなくてはいけない。今までやってきた施策の中でも、来年はやれないものが出てきます。そうしたときにマニフェストに掲げた施策については総合計画に位置付けて、ぜひとも実行していくべき事項として優先度を高めていますので削られるものがあまりないわけです。

そうすると、例えば私はマニフェストに書いた校庭の芝生化を計画を立てて進めているのですが、「小さな団体に出していた補助金を削るくらいなら、芝生化の方をやめるべきではないか。芝を植えたってなんてことない。それよりも文化団体に対する補助金三〇万円を削るな」といった議論が出てきます。

これだけの大きな経済危機の中でどのような施策を選択するのかということについても実はずいぶん議論がありまして、一一月議会でこの際、マニフェストだとか総合計画を見直す必要があるのではないかという指摘もずいぶんいただきました。そうしたことから先般発表した総合経済対策の中で一部、見直しをしています。

私は自分のマニフェストについて選挙で有権者の方に認めていただいて当選していますから、まずそこに書いたことの実行に全力を注いでいきたいと思っていますし、これまでもやってきました。しかし、それは決して議会の議論を無視するということではなく、議会の議論からもいいと思うものは積極的に取り入れていきたい。そして、マニフェストの実行をがんばってはいるけれども、その予測を超えるというか、マニフェストの前提を超えるようなことが起きた場合には、やはりきちんと説明をした上で変更していかなければいけないと思います。

古川　康

また、マニフェストというものが選挙のときのものだとすると、現在すでにそれを総合計画に織り込んでいってしまっています。それをマニフェストといえるのか、曽根先生とも議論しなくちゃいけないと思っているのです。それを、もう一度選挙のときのマニフェストのスタイルに戻すのかどうかというところもあると思っています。

ただ、先ほどから議論に出ているように、マニフェストは選挙のときだけのものではないということも大事な指摘です。ここが我々の、日本国民の弱いところだとよく言われるのですが、実は中間評価などをあまりやっていないのです。我々は選挙が近くなるとあわてて、自民党の政策はマニフェストに比べてどうだとか、ああだとか言っているのですが、曽根先生が言われたように、どれと比べればいいのかすらよくわからない状態なのです。本来、マニフェストについて、これをやりますと言って当選したのですから、その後、我々や言論界がきちんとマニフェスト通りに政策を進めているかどうかチェックすべきなのです。

例えば役人の天下り問題でも、誰も自民党や公明党のマニフェストと比べてどうだという議論をしないでしょう。今の政局の中でどこまで認めるかしか議論をしない。つまりせっかくマニフェストを示してもらったはずなのに、マニフェストに比べて今やっていることはどうなのかという議論の仕方をしないというのは、我々はまだまだマニフェストを有効に生かし切れていないのではないかと思います。マニフェストは常に横に置かれてチェックをするという存在でなければならないのです。

マニフェストの財源問題

曽根　先ほど古川知事の質問で、韓国の方に聞いておかなければいけないことがありました。マニフェストに財源が書き込まれているかということでした。書き込まれていると思いますが、増税のような、かなり国民に対して厳しいことを書いたマニフェストになっているかどうかをまず確認したいのです。李議員、どうでしょう。

李　今おっしゃった財源のお話は非常に難しいのです。私どももマニフェストをつくるときに一番苦労した点です。実際、マニフェストを日本語に翻訳されたこの本『李明博政権の韓国マニフェスト』の最後のところに二ページ要約があり、その政策に財源がいくら必要か、その調達はどのようにするのかを提示してあります。これを見て実現の可能性があるかないかというような評価をされるか、具体性がない、おおざっぱ過ぎる話だという評価をされるか。また、どのようにしてお金をつくるかについて、この本を見ると、歳出の削減などと漠然とした感じで書かれているところもあるので、これに対しては批判もあります。この点はお話ししておきたいと思います。

曽根　先ほどの質問ですが、最近の金融危機のようなことがあって、達成が難しいとか、あるいは急に出てきた状況から、マニフェストの政策を延期する、あるいは柔軟に対応するということに対して、国民とどのようにコミュニケーションを取ったらいいのでしょうか。

李　最近、本当にグローバル金融危機が世界を覆っていて、韓国も経済的には非常に難しい局面に至っています。李明博大統領のマニフェストでは毎年七％ずつの成長がうたわれていたのですが、この七％は達成されないのではないか、大き過ぎる目標ではないかという批判も出ています。二〇〇九年、今年はマイナス成長に陥るであろうという展望まで出ている状況です。ですから大統領のその公約はすぐには実現されないだろうと人々は見ています。

そのほかにも、一番大きな公約として韓半島大運河構想というプランがあったのですが、この運河のプランについても国民の反対という壁に突き当たってしまって、大統領はこれをやめるということも言っています。その代案として、運河ではないけれども国内の四つの大きな川をきれいにしていく、整備していくという方向に政策を転換すると言っています。そして、今年の予算に大きくそれが反映されました。これも経済立て直しの一つのやり方、ニューディール政策の一つとして示されているわけですが、そうした変化が韓国では起きています。

李柱榮

先ほどのご質問は、その際にどういったやり方、コミュニケーションをとるのかということでした。インターネットを通じてするのかというようなご質問も一部あったと思いますが、大統領が大きな政策の変化、転換を断行するときには、国民への談話、スピーチを行うという方法が一つあります。現在、李明博大統領は二週間に一回ずつラジオに出演しています。国民に対するスピーチをそこでするのです。それから昨日はテレビ出演をして、国民との対話をするイベントも行われました。また、大統領が国会に来てスピーチをするということもあります。もちろん、おっしゃったように大統領にはホームページがありますから、大統領がスピーチをした内容、テレビで語った言葉などはすべてホームページに出ています。それを見て国民はさらに深く理解するという方法もあります。さまざまなコミュニケーションの方法、ツールを使って、公約を修正するしかないということを伝えています。今は、国はこうした困った状況にあるのだから、この方法しかないということを国民に対して訴えかけています。

曽根　李議員にもう一つ伺います。李明博大統領はとてもお金持ちで財産がたくさんあり、それを財団に寄付をするという発表をしていたと思うのですが、その反応はどうだったのか、お聞きしたいのです。

李　大統領選挙キャンペーンの途中で、全財産を社会に還元するという約束が出てきました。三〇〇〜四〇〇億ウォンに達する巨額の財産です。大統領に就任していま一年ぐらいたっているのですが、これまでに具体的にどのようにするというような発表はありませんでした。ですから国民の一部では、なぜ早く公約した通りにしないのかというような声も出てきています。そこで最近、この社会への還元の方法をどのようにしたらいいのか、どのようにすれば最もいいやり方ができるのかということを話し合うために国民の各界の人々の意見を聞くための委員会ができて、今そこで活発な論議が行われています。ですからもう少しすると方法が決まって、この委員会を通して発表されるのではないかと考えています。

インターネットの活用

曽根　韓国の選挙はインターネットの利用がとても盛んだと思います。実はオバマ大統領候補は選挙戦でインターネットとメールと携帯電話をフルに駆使しました。そのキャンペーンスタイルというのは、今までのインターネット利用をはるかに超えたものだったと思います。そこで募金もしたということです。ニュースの流し方も、オバマの支持者に対してはニュースリリースの前にメールで流しました。つまりテレビ、新聞よりも先に情報を流して、「この情報をあなたに真っ先にお知らせします。友だちにもメールなり電話なりしてください」という、非常に効果的に利用した実例だと思います。

韓国のインターネット利用はどのぐらいまで進んでいるのでしょうか。先ほど選管のホームページに掲示板があるとおっしゃっていました。李議員か、あるいは徐さん、金教授が情報をご存じでしたら、日本と比べてどうか教えていただきたいと思います。

金　韓国はインターネット大国だと言えるぐらいに普及していて、みな活発に使っています。小学生もインターネットなどをよく使っています。ですから韓国ではインターネットの影響は非常に大きいのです。

みなさん資料などを通じてご存じかもしれませんが、二〇〇二年の大統領選挙のとき、盧武鉉大統領はインターネットによって選ばれた大統領だと言われたほどネットの影響力は大きいのです。当時、オーマイニュースというインターネット上のニュースページ、ネット上だけで活動しているニュース組織が大統領選挙に非常に大きな影響を及ぼしました。そして盧武鉉大統領は当選したあとの最初の記者とのインタビューを、中央紙や有力な日刊紙などではなく、このオーマイニュースと行ったというぐらいインターネットから大きな支持を受けて当選したのです。

ところが二〇〇七年の大統領選挙は過去に比べてインターネットの影響力はそれほど大きくありませんでした。その主な原因は、当時の世論調査の結果が出たので申し上げますと、二〇〇七年の大統領選挙では、多くの有権者がすでにどの政党に投票しようということを決めていた。つまり政党支持率に格差があって、次期大統領選挙ではハンナラ党の候補に入れると決めていた。ですから多くの国民は、ハンナラ党の候補が誰になるかということに最大の関心を払っていました。そのためにインターネットの影響は比較的少なかったと言えます。

しかしいま曽根さんがおっしゃったように、韓国におけるインターネットは若い世代を通じて大変普及していますので、若い有権者がインターネットを通じて誰かを支持するといったような現象が起こると、マニフェスト自体が力をなさない、無力化してしまう傾向があります。言い換えると、インターネットを通じて若い世代にアピールし、そしてイメージメーキングができるような候補者または政党が出てくれれば、若者たちは政策を綿密に検討するというよりは、あの候補者はかっこいいとか、話がうまいといったイメージを通して、友だち同士でインターネットを通じて、どの候補者を支持しようとか、どの政党に入れようとか、そういった話になります。ですから、マニフェストがより普及するためにはインターネットを通じて、特に若い有権者に対してマニフェスト、政党についての関心を持つように促すということが大変重要な課題であると言えます。

曽根　徐さんに、インターネットの規制というのは韓国にあるのかどうかを、まずお聞きしたいと思います。それから、韓国の公職選挙法は二〇〇八年二月に変わりました。大統領選挙のときまでは候補者個人名でマニフェストを出すことができなかったけれども、それができるように変わったということですが、今の韓国の公職選挙法では何ができて何ができないのか、もう一度確認したいのです。インターネットの規制はあるのかということと、公職選挙法は最近どこまで変わったのかということを教えてください。

徐　韓国の選挙法にはインターネット規制というものがあります。大統領選挙の反省から、インターネットが果たしてメディアかどうかといった議論があったのですが、結局選挙法において、インターネットも選挙法上のメディアと見なされました。ですからインターネット上で候補者や関係者を招いて討論することができるようになりました。また、インターネット上のホームページなどで選挙運動を展開することもできます。一方、政党、候補者はインターネット上で広告を打つこともできます。ただ、インターネット選挙運動が可能になった一方で、候補者に対する中傷、誹謗といったことは法に反することになります。

韓国の選挙または政治発展にインターネットの役割が大変大きくなっているわけですが、今後この問題は選挙管理委員会の課題でもあります。というのは、インターネットの影響力があまりにも大きいので、選挙管理委員会がやれる規制が限られてきます。

規制については、有権者の知る権利とか、また選挙における表現の自由を侵害するのではないかという指摘が出ていますが、インターネット上での状況をそのまま放置して、また放任してしまいますと、それが選挙の秩序を阻害する可能性もあるということです。それに対しては中央選挙管理委員会だけではなく、市・道の選挙管理委員会にサイバー監視団というものがありますから、随時タイトルを打てば、誹謗中傷合戦なのかどうかといったことが検索できるようになっています。二つ目の質問をもう一度お願いできますか。

韓国におけるマニフェスト選挙の規制

曽根　大統領選挙のあとに公職選挙法は変わったと思います。それは今まで規制されていたものが今度は新たにできるようになった。例えば大統領候補が個人名でマニフェストを書いて販売ができるようになったと思うのですが、どういうふうに変わったのかを教えていただきたいと思います。

徐　二〇〇八年六月二九日以前は、政党は政策公約集を出すことができましたが、それは選挙前に国民に対して、我々はこのような政策を打ち出す、約束するという程度のものであって、それを印刷して配布することはできなかったのです。ところが地方選挙が終わって大統領選挙を控えた二〇〇七年一月三日、政党の場合には平時にも、例えば財源調達方法といったものを盛り込んだ政策公約集を作成して販売することができるように変わりました。ですから一七代大統領選挙のときにも、ハンナラ党の李柱榮議員が持っていらしたような公約集を出版することができたのです。選挙直前に出たので、国民に十分に広く伝えることはできませんでしたが、大きな評価を受けた画期的な制度改革だと言えます。

それから候補者の場合は選挙公約集を配布することはできます。ここで重要なポイントは、政党の政策公約集を販売することはできますが、候補者が出した選挙公約集は販売できず、ただ配布するだけです。このような公の場所や選挙事務所、または演説場所での配布が許される程度です。政党の政策公約集はページ数、部数の制限がありません。すべての内容を盛り込むことができます。一方、選挙公約集の場合、大統領選挙の場合は三二ページというふうに制限があります。本日は、佐賀県知事、神奈川県知事もいらっしゃいますが、市・道の知事の場合は三二ページ。基礎団体首長の場合は一二ページというふうに制限に違いが設けられています。

ですから、この政策公約集とか選挙公約書は発行すれば選挙管理委員会に届けなくてはなりません。中央選挙管理委員会のホームページにそれが掲載されます。そしてそれについてマスコミと市民団体が綿密に検討し、公約や政策についての論点をマスコミを通じて国民に伝えています。今後、政策公約集や選挙公約書の問題については、先ほど発表のときにもお話ししましたが、日本と韓国の選挙制度はかなり違っている点が多いのです。私は韓国に戻って、この点についてもう少し詳細に検討して意見を提示したいと思います。

曽根　韓国でも政見放送がありますか。

徐　韓国ではインターネットだけではなく、テレビを通じて政党の代表者、候補者、または演説員が政見放送をすることができます。さまざまな方法で選挙運動を展開することができますので、幅広い方法で選挙運動ができますし、有権者がそれを見ることができるわけです。ただ、政策で選択するという部分は別途として、選挙運動の制度はかなり進んでいると思います。

徐仁德

政策論争のある選挙にするために

松沢　いまマニフェスト選挙をいかに機能させるかということで、インターネット利用のところまで議論が進んでいます。韓国のみなさんにお聞きしたいのですが、日本のマニフェスト選挙を機能せしめるための一つの大変重要な手法は候補者の政策討論会です。アメリカで言うディベートです。私は、これを各種選挙に義務付けたらどうかと思っているのです。

いま日本の選挙ではそうした義務付けはありません。かつて立会い演説会ができるという規定があったのですが、応援団が入って騒ぎ過ぎるので、立会い演説会はやめましょうということになって、今は個人演説会しかできないのです。個人演説会では自分の支援者に向かって自分のいいところばかり言うので、まったく比較にならない。マニフェストの立派なものをつくる。これは重要なことですが、そのマニフェストが本当に候補者の判断で、いろんな苦労をしながら生み出した政策なのか。単に学者がつくってくれたものをコピーでしゃべっているだけなのかが個人演説会ではわからない。私たちは選挙のときに候補者や政党の政策を選びたい。その政策を実施する人物、すなわち政治家、政党のトップ、総理になる器の人を選びたいのですが、それを判断する手段がない。

インターネットは情報を大量に伝達でき、迅速性など、さまざまな利点があります。一方で、ネガティブ・キャンペーンになってもそれをチェックできないといった難しい面もあります。しかし、一番大事なのは候補者を比べる機会があるかどうかです。それに最もふさわしいのが政策討論会なのです。日本の場合は、これが公選法の規制の中ではできませんので、よく選挙に入る前に民間団体が候補者を集めてやっている例があります。特に日本青年会議所（ＪＣ）ががんばっていろんなところでやってくださっています。

日本の選挙管理委員会は、もちろんみんなで投票に行こうと呼びかけています。それから投開票がきちんと実施されているかチェックしています。不正がないかをきちんと監視することは重要だと思いますが、選挙において有権者が政策や人物でしっかりと判断していただけるようにするための情報提供という意味で、政策討論会を選挙管理委員会が必ず選挙中に実施するようにしたらどうでしょうか。これは一番中立です。その司会者も選挙管理委員会の人でもいいし、そこが依頼した中立的な人でもいいじゃないですか。

松沢成文

アメリカの大統領選挙あるいは国会議員選挙を見ていても、非常にポリティカル・ディベートが盛んです。アメリカは予備選から本選まで一年やりますから、勝ち抜く候補者は一〇回、一五回、このディベートに勝ち抜いていかなければいけない。それで最後に共和党と民主党の候補者のディベートがある。その直後から世論調査が始まるし、このディベートはこういう部分ではこの候補が勝った、あの候補が勝ったというマスコミの評論も加えて情報が有権者に広く伝わるわけです。

こういう機会がないと選挙というのは機能しないのです。ですからぜひとも選管で候補者の政策討論会を義務としてやっていただく。こうした改正ならできるのではないかと思います。韓国はそのあたりをどうやっているのか。私はマニフェスト選挙を機能させるには、こういうやり方をしないと無理だと思います。いくらマニフェストをドンと出して、みなさん読んでくださいと言ったって誰も読みません。テレビなりラジオなり、あるいはインターネットでその議事録を全部出してもいいじゃないですか。これがマニフェスト選挙を機能させるには最も重要な選挙の手法ではないかと思いますが、いかがでしょうか。

曽根　韓国では大統領選挙のときに、テーマを経済・外交・社会保障として三回のディベートをやりました。これについて韓国の状況をお聞きしたいと思います。日本の場合は大統領選挙はないのですが、例えば経済問題、外交問題、社会保障問題について、現内閣とネクストキャビネットが論争したっていいのではないかという提言を我々はしています。二一世紀臨調でやろうとしたのですが途中で立ち消えになったのです。

古川　安倍晋三さんが首相のときに、安倍さんと小沢一郎さんが二人来られて話されたことがありましたね。

曽根　私が司会しました。ただ分野別の論争では、首相候補、総理大臣候補だけではなくて、経済問題だったら経済担当の人と、ネクストキャビネットの人とでやってもいいのです。それをシリーズでずっとやっていくというのは大事だと思います。韓国の大統領選挙のときに、選挙管理委員ではなくてテレビ局がやったのだと思いますが、どんな形で大統領の候補者のディベートが行われたのか、経過だけ教えてください。

徐　韓国の選挙法では、政党や候補者が大統領選挙のときに選挙放送討論委員会の主管で政策討論をしなくてはいけないと義務化されています。法律で規定されています。それ以外にも、通常、政策政党の代表あるいは政策研究所の所長、代表や所長が指名するスピーカーが演説する政策討論会があります。また一方で、選挙のときにマスコミと市民団体で自ら政党や候補者の関係者を呼んで行う討論会もあります。

整理しますと、選挙のときにはマスコミ、市民団体が招待する候補者討論会があります。それから選挙ではないときに、政党政策討論を行う討論会があります。また非選挙のときに選挙放送討論委員会が主催する政策討論会があります。マスコミでもいいし、市民団体も開催することができます。マスコミの中にインターネット・マスコミも入るわけです。そして選挙の際には、公正性を最大に確保するために中央選管の下での選挙放送討論会もあります。同様に市・道選管でも選挙放送討論会を行います。

李　大統領選挙の説明はだいたい終わったと思いますが、私の経験をお話ししますと、国会議員の選挙のときにも選挙管理委員会が主催する放送討論会が義務化されていますので、必ずそこに出席しなくてはいけません。出なくてもいいのですが、出ないと、自信がないから出ないのだということで不利な評価を得ることになります。それ以外にも、今お話がありましたように、非常に熾烈な選挙区ではマスコミ、新聞社、市民団体の招請によって討論会が数多く開催されます。私も激戦区で選挙を行った経験があるのですが、そのときには一四日間の選挙運動期間のうち七回討論会に出なくてはいけないという経験もしました。

古川　さらに教えてください。その討論会の主催は市民団体である場合もあるわけですよね。例えばある候補に反対するような市民団体の人が、わざと仕掛けるとか、そういったことはないのですか。みな中立的な団体が主催するのでしょうか。

金　韓国の市民団体は一応客観的、一般的には中立性を標榜しています。またほとんどの市民団体は中立的な観点から放送討論会を主管しています。もし特定の団体が特定候補に対して偏った活動を行っている場合は、そういった団体が主催する放送討論会とか対談には、そこから支持されない候補者は拒否しますから、そういった討論会は国民から信頼を持たれないということです。

もう一つ重要なことは、韓国の放送討論会の場合、前の大統領選挙のときのことではっきり覚えていないのですが、主な放送局や新聞社の討論には一定の有権者からの支持、たとえば全国的に五％の支持がある、それから国会の院内交渉団体に所属するといった、いわゆるメインの候補者たちの討論会があり、その他の候補はその他の候補が集まっての討論会がありました。メインの候補の場合には三回に分けて行われました。その他の候補の場合には短い時間で、しかも一回しかありませんでした。有権者から見ると、メイン以外の候補については、放送討論会を見た段階で、当選の可能性は少ないなという印象を受けるわけです。

徐　もう少し付け加えたいと思います。特定政党または候補者に偏った支持をする団体が討論会を主催できるかが争点になっていますが、韓国の選挙法には公明選挙を推進できる団体を明確に規定しています。政党または候補者と関連する団体、特定政党支持の団体、私的団体などは討論会を開催することができません。選挙法上、討論は公明選挙推進活動の一環であり、公明選挙の推進活動ができる団体は討論会を開催できます。ですので、偏って特定政党に

反対する団体が公益的次元から討論会を開けません。韓国の市民団体は選挙運動期間中に選挙運動ができます。選挙運動期間中に特定政党または候補者を標榜して支持する団体は選挙運動はできるが、討論会は開催できないわけです。

マニフェストはルールではなく運動

曽根　フロアから実は三問、質問が出ています。二問は松沢知事、一問は参加者みなさんにということです。

松沢さんに二つ簡単にお答えいただきたいと思います。一つは、グローバル化が進み、例えば温暖化とか食料とかエネルギーという実に重要な問題が起きています。これをマニフェストに書き込むことはできるのか。あるいは書いたほうがいいのか、どうかという質問です。二つめは、条例の好きな松沢さんに対する質問だと思うのですが、マニフェスト選挙を推進していく上で、マニフェスト条例、つまり実行体制とか評価体制などのフレームワークを条例化して義務付けるという意味だと思いますが――、条例のようなものを制定する必要がありますかという質問です。

三つめは、一般の市民団体がマニフェスト推進だとか、投票率、あるいは選挙というようなことで協力できることは何でしょうかということです。これは日韓ともにあると思います。

松沢　まず地球温暖化問題のように非常にグローバルな課題を、例えば地方自治体が公約にできるのか。

これは書き方だと思います。確かに国際社会や国がいま温暖化に取り組むとしたら、ポスト京都議定書をどうするのかということになります。CO_2削減計画を国としてどこまでやるのか。こうしたことが国際公約にも、国民の公約にもなると思います。ただ、CO_2を減らしていくことは、地球温暖化を防ぐためにはやらなければいけないこととしてわかり切っているわけです。では神奈川県という自治体でそれをどのように実現していくのか。こうしたことを公約にすればいいと思うのです。

例えば私の場合は、神奈川県では電気自動車にものすごく力を入れていますので、電気自動車の普及台数を二〇一五年までに県内三〇〇〇台まで持っていくのだという数値目標をマニフェストで立てています。その下で電気自動車を普及させるための税制、補助金、あるいは急速充電器をどうやって何台、いつ頃までに神奈川県内に整備していくのかということを考えています。神奈川県内の高速道路料金については、電気自動車は半額にするということも私は宣言しています。そうして電気自動車を普及させる。

あるいは太陽光発電も、国と県と市町村が補助金をつくる。県は、どれだけ一般の人が買うときにサポートができるか。普及はどれぐらいをめざすのか。神奈川県としての目標を立てることができると思うのです。こうした形で可能だと思います。

それからマニフェスト改革というか、マニフェストサイクル自体を条例化するということについては、条例というようなルールで決めることというよりも、マニフェストというのはやはり運動だと思うのです。その運動のツールのつくり方はそれぞれの候補者や政党が考えていけばいい。ただ、国民の高い評価を得られるマニフェストのあり方というのはだんだんと収斂されてくるし、進化していくべきだと思います。

もし条例でルールをつくるとしたら、例えば国レベルでは地方自治法がある。中央集権型で国が何でも決めるようになっているので、それをもっと地方が自由に決められるような地方自治法に改正してほしい。こうした運動をするなり、あるいは神奈川県で今取り組んでいるように自治基本条例という形で、神奈川県の行政運営のルールをきちんと明示化していって、県民の皆さんにわかっていただくことではないかと思います。

マニフェストというのは、行政のルールというだけではないのです。政治の運動なのです。ですからそれを条例にするというのは私は少し難しいのかなと思います。選挙のルールは条例や法律が決めますが、それを使ってどのような政治をつくっていくか、どのような民主主義をつくっていくか、どうやって政策中心の政治行政をつくるのかという運動論がマニフェストだと思います。

市民はマニフェスト推進に何ができるか

曽根　最後の質問です。一般の市民団体、市民運動、あるいは市民と言ってかもいいかもしれません。マニフェスト推進で何ができるのでしょうかという質問です。北川さん、何かお答えはありますでしょうか。

北川　市民が受身で、候補者なり政党が書いたマニフェストを見て選択するというのはスタンダードだと思います。しかし、ある市民団体が地域協議会など自分たちでマニフェストをつくり上げて候補者にそれを提示する場合、三つの選択があります。一つはそれを推進すると約束した人を応援する。もう一つは、自分たちの仲間から候補者を出す。もう一つは、客観的にそれを出しておいて当選した候補者に対して事後検証をする。こういったことで、いわゆる by the people と言いますか、自分たちが参画をする積極的なマニフェスト運動が一つ起こってきていると思います。

お聞きした中でいくつか整理させていただきたいと思います。松沢さんが条例を制定するとか、議会と対立をする中で打開していこうとすることが、まさにマニフェストで地域から政治を変えていこうという民主主義の運動だと思うのです。今日は北海道の中島興世・恵庭市長もお越しですが、この方も市長になられて一期目だと思いますが、問責決議二回、議案否決二回、その他数知れず。しかし、地方にも政治の力があると真剣に自分のミッションで訴えられて大変な議論が起こっている。すると、ちょっと失礼な言い方になりますが、議会がマニフェストを中心に考え始めて、利益を誘導するための執行部との取引の場でなくなってくる。

こういう努力がなく、追認するだけで九九％執行部案無修正、否決なしというような議会はまったく必要ないのだということが明確になる、そして、議員のみなさん方がそれを理解されると思うのです。松沢さんなり、中島さんなり、古川さんが議案を信念を持って、体系立てて出したからこそ議会が成長する。実はマニフェスト型の、ミッション型の提示をすることによって、市民が、これは地方の政治もおもしろいということになる。当然執行部に対しての批判も出るでしょうし、賛否両論あって、自分たちが町をつくっていくという気持ちを持つと思うのです。日本は大宝律令以来、官が整備されて長い国ですから、まさに我々自身が政治をつくっていくという市民運動の一つの道具としてもマニフェストを使っていただけたらと思います。

曽根　みなさん、まだまだお話は尽きないというか発言したいことはたくさんあると思いますが、私に与えられた時間はここまでです。二〇〇七年のときまでは日本の経験について、私をはじめ韓国にみなで行ってたくさん話してきたのですが、今日は韓国からお聞きし、学んだことがずいぶんたくさんありました。これからまた言いたいこと、伝えたいことは日本でも韓国でもたくさん出てくると思うのです。でき得るならば来年、ソウルあるいは韓国のどこかで、そのもう一年先は古川さんの佐賀県でというように、この会が今日限りでおしまいということではなくて、次回も、その先も、どのような発展の仕方になるかはわかりませんが、これから継続して開催できればと思います。政治もマニフェストもおしまいになってしまうものではありませんから、新しい形のマニフェスト、新しい形の選挙、政治をこれからもめざしたいと思います。

今日は長時間パネリストの方、ありがとうございました。聴衆の方、ありがとうございました。

第6章　マニフェスト検証の流れを

かながわローカル・マニフェスト推進ネットワーク事務局次長　井上良一

本日は、かながわローカル・マニフェスト推進ネットワーク代表幹事の田村明先生（法政大学名誉教授）が出席できないことになりましたので、代わりに本大会実行委員会の一員として閉会のご挨拶をさせていただきます。

今までの日韓のマニフェストをめぐる交流の経過については、曽根先生はじめみなさまからお話のあったとおりですが、私もその交流の最初から関わらせていただいて、韓国におけるマニフェストの大きなうねりができたことに驚くとともに、韓国のみなさまのご努力に深く敬意を表するところです。

井上良一

マニフェストを自国のものに

その韓国におけるマニフェスト運動の、一つの象徴的なあり方をご紹介したいと思います。

韓国では、中央選挙管理委員会が重要な役割を担ってきていることは、本日、選挙管理委員会で仕事をしてこられた徐仁徳さんのお話でよくおわかりいただけたと思います。その取り組みの端緒として、韓国では、選挙管理委員会が中心となって、まず「マニフェスト」という言葉の訳語の募集をしたとのことです。

日本では「政権公約」と訳しております。韓国では一般に募集した結果、今日の徐さんの日本語レジュメでは「真の公約の選択」となっております。また、今回の大会実行委員会事務局長をしていただいている曽根研究室の河東賢さんの論文では「真の公約選び」という言い方をしておられます。

日本との違いがおわかりでしょうか。日本の訳語では「政権公約」という言い方ですから、候補者の側から捉えた訳語になっております。これに対して、韓国では「選択」あるいは「公約選び」という言葉として、選ぶ側の視点でマニフェストを位置づけているのです。マニフェストを有権者の側から捉えていることです。

単なる訳語の問題ではあるのですが、この訳語を使うことによって、韓国では市民の側からのマニフェスト運動へと、マニフェストの射程が非常に広がったものになっていると感じました。一方、日本では、今までの公約とどう違うのか、あるいは、政権公約であるから地方議員の間ではマニフェストは成り立たない、といった議論が出ているわけです。どうも、候補者側からの視点でマニフェストを捉えがちだということが影響している気もいたします。

政権公約という訳語がおかしいと申し上げているわけではありません。この訳語一つをとっても、韓国のみなさんは、マニフェストについて、非常に深く考えておられ、日本を追い越していると感じないわけにはいきませんでした。

マニフェスト検証の流れを

韓国ではマニフェストの事前評価をマスコミや研究者、市民団体が中心となって行い、これにも大変驚かされましたが、日本でもマニフェストの検証作業が着実な形で進んできております。

昨年一月、古川さんが知事をされている佐賀へまいりまして、マニフェストの評価の実情を伺ってきました。九州では全域でマニフェスト評価を進めているということです。青年会議所と連携してその中心となっているジャーナリストの神吉信之さんは、「マニフェストは選挙の時だけの話ではなく、その後の評価も含めて考えるのが当然で、そうした視点で運動を続けている」と話されていました。マニフェストは、有権者の側でたゆみない運動を進めていくことが不可欠であると、強く感じた次第です。

このように、韓国、日本とも切磋琢磨する中で、マニフェストについての考え方をさらに大きく進展させていくことができるものと思っております。

本日の場を作るに当たってご尽力いただいた神奈川県、そして慶應義塾大学曽根研究室をはじめ、関係のみなさま、ご登壇のみなさま、ご参加のみなさまにも重ねて御礼申しあげ、第三回目となります日韓交流国際学術大会を締めさせていただきます。本日はまことにありがとうございました。

あとがき

本書は、二〇〇九年一月三一日（土）に、横浜市において開催された第三回の日韓交流国際学術大会「マニフェストの評価と発展〜日韓比較」における講演及びパネルディスカッションの記録をもとに編集したものである。

「マニフェストによって地方自治や国の政治は変わったのか？」が本書の基本となる命題である。これは、逆に言えば「政治を変えるためのマニフェストとはいかなるものか？」を問うことでもある。

折りしも、日本では政権選択をかけた総選挙が行われた。「政権公約」がマニフェストの日本語訳の定番である。まさに、政権をとった際に、いかなる政策の実現を図り、それによってどのような国や地方を創造するのか、それを有権者に示し、有権者に選択をしてもらうのである。そして、これはまさに政治家（政党）と有権者との約束である。未来をかけた約束なのである。

マニフェストは、日本では二〇〇三年四月の統一地方選挙で登場し、その後、同年一一月の衆議院選挙、二〇〇四年七月の参議院選挙で国政における選挙に登場した。韓国では、二〇〇六年五月の地方選挙でマニフェストが登場し、二〇〇七年一二月の大統領選挙で国政選挙に登場した。

いずれの国においても、マニフェスト選挙は地方選挙から国政選挙へと展開していった事実がある。

これは、偶然の一致ではない。実は、日本のマニフェスト運動と韓国のマニフェスト運動の間を「橋渡し」する「仕掛け」があったのである。その「仕掛け」が、「マニフェストに関する日韓交流国際学術大会」なのである。その第一回は二〇〇六年二月にソウルで開催され、二〇〇七年六月に同じくソウルで開催された。この時期を見れば、第一回大会は韓国の地方選挙の準備が始まる時期、第二回は大統領選挙が本格化する前夜の時期に符合していることに気づくであろう。

まさに、日韓のマニフェスト運動の「仕掛け人」たちが協働して、この国際学術大会を開催し、両国の間のマニフェスト運動の「赤い糸」をつないできたのである。

それぞれの国の政治状況や選挙制度などは異なる側面もあるが、一方で、「政策中心の選挙を実現する必要がある」という点には、政治的な背景や理由はともかくも、両国のニーズは一致していたのだ。それゆえに、「マニフェスト」という新しい政治（選挙）ツールを、両国がドラスティックに導入していくことになったのである。

実は、本書に登場する講師の多くは、日韓両国において、あるいは両国の橋渡し役として、マニフェスト運動の「仕掛け人」として活躍してきた人々である。そうした意味からは、「マニフェスト政治」という政治史に残るであろう改革が、どのようにして両国において展開されてきたかを知る上で、不可欠な記録となるのではないだろうか。

この学術大会の開催にあたって、実行委員会の構成団体はもとより、後援や協力をいただいた団体の惜しみない協力をいただいた。ここに感謝を申し上げたい。

また、登壇いただいたすべての講師の皆様にも感謝申し上げたい。特に、第一回の大会からその中心となってご尽力をいただいてきている金永来《キムヨンレ》亜洲大学教授には、心より感謝を申し上げたい。

さらに本書を編むにあたっては、慶應義塾大学マニフェスト研究会の河東賢《ハドンヒョン》君並びに東京市政調査会の中嶌いづみ氏にも特段のご尽力をいただいたことに対して感謝を申し上げたい。

最後に、出版に当たっては東信堂の下田勝司社長をはじめ、多くの皆様のご協力をいただいた。ここに厚く御礼申し上げる次第である。

二〇〇九年九月

日韓交流国際学術大会実行委員会　委員長
曽根　泰教
（慶應義塾大学大学院政策・メディア研究科教授）

資　料

解説：日韓の選挙制度

河東賢

(1) 日韓の地方自治体とその選挙のしくみ

韓国の地方自治法は1949年に制定され、1952年に初の地方選挙が行われて以来、1956年、1960年に第2、第3回が次々に実施された。しかしながら、1961年の5・16軍事クーデタで登場した朴正熙政権は地方自治を中断し、大統領が首長を直接任命する官治的地方行政制度に変えた。当分この時代が続いたが、1991年3月に市郡区の議会、6月に市道の議会の選挙が再び実施され、30年ぶりに地方選挙が復活した。さらに、1995年6月27日、基礎レベルの議会及び首長、広域レベルの議会及び首長の4大選挙が同時に行われ、本格的な地方自治の時代が到来した。これを「第1回全国同時地方選挙」と呼んでいる。4年ごとに行われ（2回のみは3年）、2006年5月の第4回まで至っている。

地方自治団体は、広域と基礎に分けられる。広域レベルは日本の都道府県に相当する特別市・広域市・道・特別自治道が、基礎レベルは日本の市町村に相当する市・郡・自治区がある。両者とも独立した公法人である。地方行政組織は、最下位行政単位の邑・面・洞を含め、三層構造で構成される（済州特別自治道は例外）。広域と基礎自治体の地方議会議員の数を見ると、16の広域市道（1特別市、6広域市、8道、1特別自治道）には計733名の広域議員、230の基礎市郡区（75市、86郡、69自治区）には計2888名の基礎議員が存在する。選出方式は、首長は各選挙区で最多投票者を、地方議会は、市道は小選挙区と比例代表、市郡区は中選挙区と比例代表で実施される。

選挙権は、19歳以上で当該自治団体の管轄区域内に選挙名簿作成基準日に住民登録される国民及び3年以上が経過した永住権を持つ外国人に付与され、広域（首長・議員・比例）・基礎（首長・議員・比例）の6枚の投票権を行使する。被選挙権は、選挙日現在継続して60日以上、当該地方自治団体の管轄区域内に住民登録されている25歳以上の国民であり、政党または選挙権者の推薦によって候補者登録が可

能である。選挙運動は14日間、寄託金額は選挙種類によって異なる。

日本の地方自治法は、1947年4月に制定され、日本国憲法と同じ5月に施行されている。戦後のＧＨＱによる民主化改革でそれまで官選であった県知事を含めて地方自治体の首長・議員は公選とされた。第1回の統一地方選挙は、1947年4月に実施され、4年ごとに行われている。地方自治体の首長も議会議員も任期は4年であるが、首長の任期途中の辞職・解職、議会の解散や市町村合併などによって、任期が統一地方選挙とはずれている自治体も多い。

地方自治単位は、広域の都道府県と基礎自治体である市区町村の二層で構成されている。都道府県は47で、近代的自治制度を導入した明治中期以来ほとんど変わっていない。一方、市町村の数は「昭和の大合併」などで半数以下に減少し、近年いわゆる「平成の大合併」が推進された結果、1999年3月3,232だったその数が、2010年3月末には1,758まで減る見込みである。そして大都市の場合、一定の人口要件に至った自治体に対して権限移譲を行い、自律的な行政運営を保障する、政令指定都市、中核市、特例市が設けられている。全国に各18、41、41か所がある。

選挙権は、20歳以上で選挙区において住民登録を行って3か月以上経過する国民に与えられる。被選挙権は、選挙ごとに異なり、都道府県の首長は30歳以上、区市町村長は25歳以上、都道府県及び区市町村議員は25歳以上で3か月以上その区域内に引き続き住所がある国民が対象になっている。選出方式は、首長選挙の場合、各選挙区の最多得票者が選出される。都道府県議会と市区町村議会（一人区は例外）は、参議院の選挙区選挙のように、大選挙区制で用いられる単記非移譲式投票が採用されている。これは、複数定数の選挙区で投票者は一人の候補に投票し、単純に得票の多い候補から順に当選する。地方議員の定数は、地方自治法が定める上限の範囲で各地域の条例で決める。都道府県議員は2763人（08年7月）、市議会議員は約2万1千人、町村議員は約1万6千人で、市町村合併の影響で、その数は減少傾向である。選挙運動期間も選挙ごとに違い、首長の場合、知事は17日、政令市14日、市・特別区は7日、町村は5日、一方議会の場合、

都道府県・政令市は9日、市・特別区は7日、町村は5日である。

日韓の地方自治・選挙制度

		韓国	日本
広域	自治体	・16（1特別市・6広域市・8道、1特別自治道）	・47（1都、1道、2府、43県）
	地方議会	・733名広域議員（小選挙区制、比例は10%）	・2784名都道府県議員定数（現員2763名）（08年7月現在）
基礎	自治体	・230（75市・86郡・69自治区）	・1775（783市、801町、191村、23特別区（東京都の基礎的自治体））（09年7月）
	地方議会	・2888名基礎議員定数（中選挙区制、比例10%）	・20936市議会議員(08年12月) ・約15800町村議会議員（07年議員共済加入者）
選挙権		19歳以上の国民及び3年以上永住権者	20歳以上の国民
任期		4年	4年

(2) 日韓の国政選挙のしくみ

韓国の国家統治構造は三権分立の大統領制である。大統領は外国に対して国家を代表し、行政権の首班になる最高の統治権者である。現在の選出方式は、国民の民主化要求によって制定された1987年の憲法第4章第1節による。大統領は、19歳以上の国民の直接選挙で最多得票者が選出される。任期は5年で重任（再任）することはできない。被選挙権は、40歳以上で選挙日現在5年以上国内に居住する者に与えられる。立候補は、政党と選挙権者の推薦制が併行して行われる。2002年からは、党内予備選挙を経て選出された主な2大政党の候補により選挙を戦う流れが定着している。候補寄託金は5億ウォンであり、有効得票が15%以上は全額、10%から15%未満の場合には50%を返還する。選挙日は任期満了前70日以後の最初の水曜日に実施する。選挙期間は23日間である。

一方、国会は一院制で、第18代国会（2008年4月）を基準に任期

4年の299議席で構成されている。選出方式は、小選挙区制と比例代表制が同時に使われる。245人は各選挙区から最多得票者が選ばれる。54人は各政党の得票率に応じ比例配分される。各政党は比例代表の名簿と順位を選挙前に公表する。19歳以上の国民は小選挙区と比例代表の2枚の投票権を行使する。比例代表の有効投票合計数の3%以上か、あるいは小選挙区で5人以上議席を確保した政党に対して、比例代表の得票率によって議席を配分する。被選挙権は、25歳以上の国民に与えられる。各政党は、選挙前に公認委員会の審査、選挙区の予備選挙、戦略的公認などによって候補者を擁立する。候補寄託金は1500万ウォンであり、有効得票が15%以上は全額、10%から15%未満の場合には、50%を返還する。選挙日は、任期満了前50日以後の初の水曜日で、選挙運動は14日間である。

国会では交渉団体と呼ばれる議員団体がある。この団体は、20人以上の所属議員を持つ政党または、他の交渉団体に所属しない20人以上の議員が構成できる。交渉団体は、国会日程、常任委員会の構成、代表演説など国会運営に主導的に参加できる。したがって、政党、とりわけ、キャスティングボートを握りたい第3政党は、交渉団体の構成が一つの目標となる。

交渉団体別議席数の現状（09年7月現在）

	交渉・非交渉団体	小選挙区	比例代表	合計	%
ハンナラ党	交渉	147	22	169	57.3
民主党	交渉	69	15	84	28.5
先進と創造の集まり	交渉	15	5	20	6.8
民主労働党	非交渉	2	3	5	1.7
新朴連帯	非交渉	0	5	5	1.7
創造韓国党	非交渉	0	1	1	0.3
進歩新党	非交渉	1	0	1	0.3
無所属	非交渉	10	0	10	3.4
合計		244	51	295	100

日本の統治構造は議院内閣制であり、国会が議決により内閣総理大臣を指名する。日本の国会は、衆議院と参議院の二院制を採択している。両議院とも直接選挙によって国民を代表する議員で組織されているが、その選出及び構成方式などは異なっている。

衆議院は480名で構成され、任期は4年である。衆議院には参議院と異なり、解散がある。選出方式は、「小選挙区比例代表並立制」で選出される。小選挙区制は、各選挙区から1名のみを選出する制度であり、全国に300選挙区がある。180名は比例代表制選挙区で、都道府県単位で全国が11選挙区に分割されている。当選者数は、比例代表制選挙区ごとに、各政党の得票数に応じてドント式で比例配分が行なわれた上で決定される。各政党の比例代表立候補者のうち誰が当選するかは、あらかじめ政党が届けた「名簿」に当選人となるべき順位に従って決定される（拘束名簿方式）。小選挙区制と比例代表制に重複して立候補している候補者については全部または一部を同一順位とすることができる。この場合、惜敗率（立候補した小選挙区における最多得票者に対する得票の割合）で当選人が決まる。衆議院解散による総選挙は衆議院解散の日から40日以内に行う。一方、任期満了による総選挙は任期満了の日より前30日以内に行う。

選挙権は20歳以上の日本国民に、被選挙権は25歳以上の国民が有する。有権者は、小選挙区及び比例代表ごとに一人一票を投票する。2009年8月の衆議院総選挙は、2005年9月の第44回衆議院議員総選挙以来となる。05年の総選挙では、当時の小泉首相が郵政民営化を争点として解散し、自民党が3分の2以上の議席を占めていた。2009年8月の衆議院選挙の結果、民主党が308議席を獲得し、政権交代が起こった。

参議院は242人で構成され、任期は6年である。選挙は3年ごとに半数（121人）を改選する。選出方式は、選挙区の146議席と比例代表の96議席に分かれる。選挙区は各都道府県に1つ置かれ、人口によって議員定数が決まる。当選人は最多得票者から順番に当選する。比例代表は全国統一で行う。有権者は、立候補者の中の1名に投票するか

(個人票)、それとも政党名に投票する（政党票)。各政党の当選人数は、政党ごとに各々の候補者の個人票と政党票とをすべて合算し、ドント式により決定される。各政党において誰が当選するかは、政党ごとに各々の個人票の得票順位に応じて当選人数まで当選させるという方式で決定される（非拘束名簿方式)。この方式が、衆議院の比例代表制と異なることである。選挙権は、20 歳以上の国民が、被選挙権は 30 歳以上の国民が有する。直近では、2007 年に第 21 回参議院議員通常選挙が実施された。その結果、参議院では与党である自民党が過半数割れとなり、以来、「衆参のねじれ状態」が続いた。「総選挙」とは衆議院議員の選挙にのみ通常用いられ、参議院議員選挙は「通常選挙」と呼ばれる。

(3) 日韓の選挙規制と選挙管理委員会の異同

韓国の選挙管理機関の位相は、政治変動と密接な相関関係がある。民主主義が定着するにあたって、様々な政治的出来事が起き、選挙管理の原則、中立性と公正性をいかに確保するのかという観点から組織再編が試みられた。このたび、選管の体制と機能強化が繰り返され、現在の制度として定着しつつある。

韓国が建国してから長い間、選挙の際には、いつも官の選挙介入の是非が問われた。とりわけ、1960 年 3 月 15 日に自由党が政権を維持するため大規模な不正選挙を行った。国民はこれに徹底的に抵抗し (4. 19 革命)、自由党は政権の座から追い出された。この教訓から、選挙管理の公正性をさらに強化するために、1963 年 1 月、現在の選挙管理体制が創設され、選挙管理委員会（以下、選管）が憲法機関に位置づけられた。

選管は次のような特徴を持つ。第 1 に、立法、司法、行政府から組織と機能が完全に独立した機関である。委員の 6 年任期制、身分保障、政治的中立の義務の規定は、独立性を維持するための措置である。第 2 に、合議制機関である。中央選管は、大統領、国会、大法院長 (最高裁判所) が任命する各 3 人、合計 9 人から成り、いずれかの意向に

偏らないようにされている。9名が相互合意に基づいて意思を決定する。第3に、選管は必ず設置すべき憲法機関である。憲法7章に規定することで、中央選管と各級選管は、統治構造の必要な機構として位置づけられる。

選管は、中央選管を中心として各行政単位別に下位組織を持つ全国組織である。最高決定機関である中央選管を頂点に、行政区域単位の管轄地域を基準として、16の特別市・広域市・道選挙管理委員会（市道選管）、248の区市郡選挙管理委員会、3576の邑面洞選挙管理委員会に分けられている。この構成は、他国と比較すると、独特の組織構成と評価される。独立機関の選管を設けても、全国組織を別に設置するケースは多くない。一般的に、最高選挙管理機関は、法律で定めている事務を統括・管理し、下級選管を指揮・監督する。その実務は、一般行政組織または自治体に委ねている。

選管の実務は、事務局が行う。中央選管には、事務機構の事務処が設けられる。事務処には、室、局、課が置かれる。現在中央選管は、2室、3局、1院、2館、2団、28課（2008年1月現在）の体制である。責任者は事務総長と事務次長が各1人ずつ置かれている。事務総長は、委員長の指揮を受け、業務を処理し、所属公務員を指揮・監督する。事務次長は、事務総長を補佐し、その職務を代行する。彼らは、国務委員や事務次官と同様に待遇される。

主要職務は法令が決めることにより選挙、国民投票および政党に関する事務を統括・管理し、ソウル特別市・広域市および各市・道選管、区・市・郡選管および邑・面・洞選管などの下位選挙管理委員会を指揮・監督する。主な権限は、①規則制定権、②選挙犯罪調査権、③選挙費用調査権、④選挙法違反行為に対する措置権、⑤不法施設などに対する措置および代執行権、⑥不法宣伝物の郵送中止、⑦選挙法違反の行為予防および取り締まり権、⑧政治関係法に対する諸・改正意見提出権、⑨選挙事務に関する指示または協力要求権などを行使できるなどがある。

一方、日本の選挙管理業務は、国政の中央選挙管理会と各自治体の選挙管理委員会で構成される。まず、中央選挙管理会は、行政機関と

して総務省の附属機関であり、公職選挙法にその根拠がある。主な業務は、衆議院と参議院の比例代表選挙に関する事務、最高裁判所裁判官の国民審査に関する事務などを管理する。そして、これらの事務について、都道府県または市区町村の選挙管理委員会に助言・勧告することもある。委員数は5人で、委員の中から委員長が互選される。委員は、任期は3年で、国会議員以外で、参議院議員の被選挙権を持つ人の中から国会が指名し、内閣総理大臣によって任命される。現在、自民推薦2名、民主推薦2名、公明推薦1名になっている。実務は、総務省が行っており、選挙関係は自治行政局選挙部管理課、政党関係は政治資金課が担当する。

次に、各自治体の選挙管理委員会である。行政委員会として位置づけられ、自治体に設置されている。都道府県の場合、衆議院小選挙区選挙、参議院選挙区選挙、都道府県の議会の議員および知事の選挙に関する事務を管理し、また、海区漁業調整委員会の委員の選挙に関する事務なども管理する。さらに市区町村の選挙管理委員会に助言・勧告する。委員は、選挙権を持っている人で、人格が高潔、政治および選挙に公正な識見を持つ人のうちから、議会の議員による選挙で選ばれる。その数は4人で、任期は4年である。委員長は、委員の中から互選される。市区町村の場合、市区町村の議会の議員および長の選挙に関する事務を管理し、すべての選挙について投開票を行い、選挙人名簿の作成・管理を担当している。指定都市の区の選挙管理委員会は、市区町村選挙管理委員会の職務の多くの部分を担当する。組織構成は、都道府県と同様である。

■松沢成文（神奈川県知事）のマニフェスト（抜粋）

☆一目で分かるマニフェスト 2007・目次☆

第1部（1ページ）　基本理念　神奈川の力で日本を動かす

神奈川力は「先進力」と「協働力」

「マニフェスト改革」の実践

日本一住みやすく、活力のある神奈川の創造

日本の地方政治・行政に「新しいビジネスモデル」を発信

地域から国を変えていく日本のリーダー・神奈川に

第2部（3ページ）　条例宣言　先進の神奈川ルールで日本を変える

1　公共施設禁煙条例	受動喫煙によるガン予防のためにも公共的施設での全面禁煙。
2　地球温暖化対策条例	県・県民・企業が力を合わせて二酸化炭素排出量を削減。
3　遺伝子組換え規制条例	健康や環境への悪影響を抑えるため遺伝子組換え農作物栽培を制限。
4　犯罪被害者支援条例	犯罪被害者の「個人の尊厳」と権利を守るための支援。
5　中小企業活性化条例	金融円滑化・経営基盤強化で意欲ある中小企業の活性化。
6　文化芸術振興条例	若手育成で新しい文化芸術の創造支援と魅力ある地域づくり。
7　バリアフリー推進条例	だれもが自由に移動し社会に参加できるみんなのまちづくり。
8　パートナーシップ条例	県民・企業・ＮＰＯ・コミュニティ組織の協働ルールと支援。
9　職員不正行為防止条例	内部通報制度、監視委員会の設置で県職員全体の不祥事を防止。
10　多選禁止条例	民主政治のルールとして知事の任期を３期までに制限。
11　自治基本条例	「自治体の憲法」。県民投票や市町村の県政参加の仕組みづくり。

第4部（43ページ）県民運動の提唱

【あいさつ一新運動】
【コミュニティ体操推進運動】
【もったいない実践運動】

第5部（44ページ）　知事の行動宣言

【ウイークリー知事現場訪問】【行動目標】200カ所／4年間
【マンスリー知事学校訪問】【行動目標】50カ所／4年間
【県民との対話ミーティング】【行動目標】40回／4年間

第3部(6ページ)　政策宣言　対話から生まれた先進の37政策

Ⅰ　未来への人づくり(6～13ページ)	
1 県立学校の施設再整備	県立学校の耐震化・老朽化対策、養護学校整備、地域への施設開放。
2 教育行政のシステム改革	教育委員会や県立学校の情報公開徹底。校長への権限移譲推進。
3 新しい県立学校づくり	地域住民が学校経営に参加する「地域協働高校」づくり。
4 教員の人材確保と育成	教員採用システム改革やティーチャーズカレッジ創設で人材確保。
5 良き市民となるための教育	地域貢献活動やインターンシップの充実。公職選挙模擬投票の導入。
6 スポーツ振興と部活動活性化	スポーツ選手のネットワーク形成と「スポーツの日」「部活動の日」の創設。
7 地域ぐるみで子育て支援	子育て支援プロジェクトの公募。NPOとの協働。産科医師などの確保。
8 いじめ・不登校・児童虐待緊急対策	「いじめスワット(緊急)チーム」の新設と児童相談所の体制充実。
Ⅱ　安心な暮らし(14～20ページ)	
9 日本一の治安の実現	自主防犯活動団体数2000団体・20万人。県民総ぐるみで治安回復。
10 基地対策の着実な推進	米軍基地の縮小・返還や基地負担の軽減、日米地位協定の見直し。
11 がんに負けない神奈川づくり	「がんへの挑戦・10か年戦略」。県立がんセンターをPFIで再整備。
12 県立病院改革で医療向上	独立行政法人化により経営基盤強化、医療サービスの質向上。
13 介護人材育成と産科医療充実	介護人材の教育システム充実。安心して出産ができる体制づくり。
14 高齢者の介護充実と虐待防止	介護サービス事業者の質向上と介護保険施設1.2倍に拡充。
15 障害者の地域生活支援	障害者の就労支援や教育を充実し、県内障害者雇用を1.2倍に増。
Ⅲ　強い経済(21～27ページ)	
16 インベスト神奈川で産業競争力強化	「産業競争力強化戦略」と重点プロジェクトで新規雇用の創出。
17 羽田空港国際化と京浜臨海部活性化	2010年の羽田空港国際化を神奈川県全体の経済活性化に直結。
18 高速交通ネットワークの整備	超高速鉄道「羽田・成田リニア新線」提案と県内高速交通網の整備。
19 中小企業の支援強化と活性化	活性化条例。無担保クイック融資拡大。技術・経営支援の充実。
20 かながわツーリズムの新展開	グリーンツーリズム・テクノツーリズムなど新たな観光資源づくり。
21 地産地消とブランド化で農水産業振興	農産物直売センター新設。農業担い手育成。栽培漁業の推進。
22 産業人材育成と就職支援	若者・女性・中高年の職業能力支援。適材適所の雇用対策・人材確保。
Ⅳ　豊かな環境(28～32ージ)	
23 神奈川発・地球温暖化対策	条例化とCO_2排出削減、省エネルギー、マイアジェンダ登録倍増。
24 究極のエコカー電気自動車の開発普及	地球にやさしい電気自動車3,000台以上普及を目指し構想実現。
25 環境共生の都市づくり	環境共生のための1%システムの導入。緑の回廊構想の推進。
26 なぎさと川の保全・再生	海岸侵食対策と「なぎさと川と共生するまちづくり」を展開。
27 丹沢大山の再生と花粉症対策	かながわ森林再生50年構想推進と「花粉の出ない森」づくり。
Ⅴ　先進のマネジメント(33～37ページ)	
28 新たな行財政改革でスマートな県庁	全国トップクラスの健全財政を堅持。業務見直しで事務の民間委託。
29 県民と協働する県政	県民パートナーシップ条例制定や県民からの政策提案制度の創設。
30 政策主導の組織マネジメント	「部局長マニフェスト」の導入などでマネジメント・サイクルを確立。
31 新時代の人材マネジメント	政策形成能力と協働力を持った職員の育成。民間人の積極的登用。
32 かながわブランド戦略	ブランド・イメージ向上を図るための戦略的な情報発信。
Ⅵ　新しい自治(38～42ページ)	
33 分権改革と道州制の推進	第2次分権改革と道州制推進で地域主権型国家への道筋。
34 首都圏連合と山静神三県連合の展開	花粉症対策など共同プロジェクトで広域連携の具体的な効果を実現。
35 市町村合併と政令市移行支援	東西バランスのとれた地域主権型の県土づくりと都市内分権の促進。
36 協働型社会かながわの創造	県民・NPOと県との協働を一層推進し「新しい公共」を創造。
37 自治体外交の展開	経済・観光などの分野で具体的な成果を引き出す先進的外交を展開。

■金文洙（京畿道知事）のマニフェスト（抜粋）

公約１：首都圏規制の撤廃：首都圏整備計画法の廃止と代替立法の制定
・首都圏の二重規制の撤廃を通した首都圏の競争力および住民生活の質を向上する。
・費用：財源は必要ない。

公約２：四通八達の京畿道、1時間京畿道作り：慢性渋滞区間の解消
・京畿道を1時間以内で移動可能にし、産業活動の活性化および生活の質を向上する。
（京畿道の交通および道路関連予算の投入、高速道路671.7kmと111.5kmの広域電車建設による放射形交通網を循環格子型へ改編、バスと電車の乗り換え料金の廃止など）
・費用：合計23兆ウォン（基盤施設負担金、京畿道の一般予算、地方債の発行）

公約３：もれなく良い暮らしをする京畿道：京畿道の3大（南北間、東西間、新都市と旧都市間）格差の解消
・ソウル－坡州とソウル－抱川の高速道路、鉄道建設などインフラの拡充、東豆川の米軍供与地を教育クラスターおよび先端産業地域で開発、ニュータウン事業など旧市街地の住居環境改善、など。
・費用：基盤施設費用2兆5千億ウォンを民間投資による調達、補償費用を中央政府と共同負担

公約４：外国の先端企業の誘致：雇用創出および首都圏の成長持続
・海外投資誘致の成果インセンティブを提供（総投資誘致金額の0.1%内）、民官合同投資誘致団の設立、2006年下半期に関連条例を改正して2007年初めに施行
・インセンティブは年間10億ウォン以内、民官合同投資誘致団の運営費は年間3億ウォン

公約５：ミアキャッツ プロジェクト：学校暴力および安全事故の予防
・小中高1,825の学校を対象に毎年450学校を選定、ＣＣＴＶを設置し、これを各学校のホームページにつなぎ、リアルタイムで情報提供、スクール・ゾーンの整備（交通事故防止）など。
・ＣＣＴＶの設置費用:125億ウォン/年（学校当たり10台）、通学路の改善事業:18億 3,500億ウォン

公約６：認知症・中風老人の無料看病の拡大

・邑面洞 (516 ヶ所) に主幹老人保護施設を 1 ヶ所以上設置（既存施設を活用)、家庭派遣看病人の拡充、ボランティアの 1 千人拡充、など。
・費用：主幹老人福祉施設建設費が 123 億 8 千万ウォン、看病人及び家庭補助人の賃金 :92 億 9 千万ウォン

公約 7：正直なマンション

・マンションに関する消費者の被害を根源的に防ぎ、京畿道民の住居福祉を向上する。
・道直属『アパート品質検収チーム』を新設、道内で問題を起こした施工社はマンション事業をすることができないようにする。京畿地方公社の施行マンション場合、分譲マンションの『品質保証制』を実施する。など。
・費用 : 所要費用特になし

公約 8： ゴミ従量制封筒の自動販売機の公園配置

・公園や山、川などにゴミ従量制封筒の自動販売機の設置できれいな京畿道を維持する。
・費用：自動販売機の設置業者が負担、初期支援金が小額必要

公約 9：ケアママミ (Care Mom) 制度の導入：共働き夫婦のケアママミ制度

・共稼ぎ夫婦の育児負担を減少することにより、出産奨励および幸せな家庭作り。
・共稼ぎ夫婦の乳児保育を 1:1 で専門担当する“Care Mom”を共稼ぎの夫婦家庭に派遣を推進、市・郡別に保育支援センターを設置し、2007 年まで Care Mom 1,000 人を養成して年次的に拡大する、など。
・費用 : 専門人材の養成費用 3 億 2 千万ウォン、保育支援費 36 億ウォン、養育支援センターの運営費 6 億 2 千万ウォン

公約 10：学校は第 2 の家庭： School2Home プロジェクト

・小学校の低学年の放課後の時間に責任を持つことで、共稼ぎ夫婦の育児負担を解消する。
・小学校の公室を“School2Home (放課後家庭)”として活用、保育教師・リタイヤ者などのボランティア活用など。
・費用 (模範実施)：師範学校の改修・補修の費用：20 億ウォン (50 校 × 2,000 万ウォン)、人件費の支援 :20 億ウォン (50 校× 2 千万ウォン)

■古川康マニフェスト2007より(抜粋) http://www.power-full.com/mani2007.html

1　男性の家事労働時間を20分のばします。
【男性の家事時間】27分 (H13) → 47分 (H22)

2　朝ごはんを毎日食べるこどもの割合を増やします。小学生90%以上、中学生85%以上をめざします。
【朝ごはんを毎日食べる小学生の割合】85.7%(H17) → 90%以上 (H22)
【朝ごはんを毎日食べる中学生の割合】81.1%(H17) → 85%以上 (H22)

3　学校の校庭の芝生化を進め、20校の芝生化をめざします。
【校庭が芝生化した学校数】0校 (H18) → 20校 (H22)

4　住宅用太陽光発電の設置件数1万件をめざし、この分野におけるトップランナーであり続けます。また、ハイブリッド車などクリーンエネルギー自動車の数が2倍になるよう進めます。
【住宅用太陽光発電設置件数】約4,000件 (H16) → 10,000件 (H22)
【クリーンエネルギー自動車数】1,698台 (H18) → 3,400台 (H22)

5　プルサーマルなど原子力発電に対する理解が深まるように、わかりやすい広報に取り組みます。

6　福祉的就労施設や特例子会社、民間事業所などチャレンジドの雇用の場を生みだし、障害者雇用率、全国トップをめざします。
【障害者雇用率】全国4位 (H18) →全国トップ (H22)

7　地域に住むチャレンジドの割合を高めるため、知的障害者のためのグループホームを40箇所確保します。

8　重度障害者の人たちが地域で暮らすことのできる設備をそなえたグループホームを保健福祉圏域ごとに1つ確保します。また、自宅で暮らせるよう、移動介護などを行うホームヘルパーの確保、送迎や一時預かりのサービスや24時間緊急介助派遣サービスの創設を進めます。
【重度障害者用グループホーム設置数】0箇所 (H18) → 5箇所 (H22)

9　早期発見、発達支援等の機能を持った発達障害者支援の拠点を保健福祉圏域ごとに1つ整備します。また、都道府県初の発達障害者の就労訓練施設「シェアドサポート」を整備します。
【発達障害者支援拠点設置数】1箇所 (H18) → 5箇所 (H22)

10　将来、私立高校の運営に要する経費に対して、公費負担(国、県)が50%になることをめざし、4年後の平成22年に公費負担率45%を達成します。
【私立高校の運営経費に対する公費負担率】41.3%(H18) → 45%(H22)

11　国際的に活躍する人材を育成する学校や大学、企業の研究機関、教育機関等3施設以上の誘致にチャレンジします。

12　佐賀県内の高校や地域では、大学等との連携により、ネットやライブで一流の学者の講義を受講できる知的環境の整備をめざします。

13　窯業大学校の講義内容を高度化・専門化し、4年制の学校にします。

14　活動拠点オフィスを活用しながら、CSO(市民社会組織)とともに、県民協働を進めます。

15　学童保育についてのニーズを把握しながら、18時以降の延長保育を実施している割合を80％以上に、休日保育の実施割合を50％以上になるよう取り組みます。
【18時以降の延長保育割合】61％(H18) → 80％以上 (H22)
【休日保育割合】26％(H18) → 50％以上 (H22)
16　こどもからお年寄りまで、障害の有無に関わらず、様々な福祉サービスを受けられる地域共生ステーション（ぬくもいホーム、宅老所）を全小学校区で整備します。
【ぬくもいホーム、宅老所整備箇所数】57箇所 (H18) → 175箇所 (H22)
17　チャレンジドの総合相談窓口すべてにおいて、身体、知的、精神の3障害の専門家が365日相談に対応できる体制づくりに取り組みます。ここでは、難病、発達障害の相談や就労支援も含めたチャレンジドのライフサイクルに応じた相談も可能にします。
18　バスや地域交通方式による鉄道、NPOによる自動車送迎など地域の足を確保するしくみをつくります。
19　まちなか再生のための地域の取組みをしっかりサポートし、成功事例を生みだします。
20　義務教育において、「読み」「書き」などの基礎的学力の充実に力をいれ、全科目で全国の平均を上回ることをめざします。
21　現在、小学校低学年だけに導入している「少人数学級とティーム・ティーチングの選択制」の拡大に取り組みます。不登校の減少、学力の向上をめざします。
22　図書館先進県づくりをさらに進めます。全市町における公共図書館設置をめざし、支援します。また、県民1人あたり貸出冊数全国順位の1ランクアップをめざします。
【県民1人あたり貸出冊数】全国3位 (H16) →全国2位 (H22)
23　こどもの医療費については、将来的には、小学校6年生まで助成の対象としていくことをめざし、当面、3歳から小学校入学前までのこどもに対しては、全ての市や町で、入院費の半額を助成します。
24　学校給食における県産農産物の使用割合を50％以上にします。
【学校給食における県産農産物の使用割合】38.6％(H17) → 50％以上 (H22)
25　有機栽培、無農薬栽培、減農薬栽培など環境保全型農業に取り組む農家の割合を1/3以上にします。
【環境保全型農業に取り組む農家の割合】21％(H17) → 33.3％(H22)
26　台湾における県産ハウスみかんのシェアを高め、ナンバーワンブランドをめざします。
27　佐賀県産ノリの中国への輸出に挑戦します。
28　肥育素牛の県内自給率を1／3以上にし、佐賀牛の地域内での一貫生産をめざします。
【肥育素牛の県内自給率】22.8％(H17) → 33.3％(H22)
29　佐賀をロケ地としたドラマや映画を10本以上誘致します。

■李明博政権（ハンナラ党）マニフェスト

主な公約

○**経済**

・7%経済成長達成・300万人の新規雇用の創出・世界最高の企業環境づくり・多目的韓半島大運河の建設・庶民の主要生活費の30%節減・雇用を増やして両極化克服

○**財政・金融**

・予算20兆ウォン節減と均衡財政・勤労者と庶民の税負担の軽減・金融産業の競争力強化・700万金融疎外者の信用回復・アジア金融ハブの持続的推進

○**産業・エネルギー**

・ベンチャーおよび中小企業の育成・大企業と中小企業の共生・新しい成長の原動力の発掘と育成・零細自営業者・在来市場の活性化・先端産業貿易強国の建設・積極的なＦＴＡ締結の推進・ＦＴＡと農漁業・農漁村支援・農漁業家の借金解消と農漁村の福祉拡充・エネルギーの節約と資源確保・エネルギー価格の10%引き下げ

○**建設・交通・住宅・均衡ある発展**

・庶民の住居権の保護・住宅供給の拡大と不動産価格の安定・新婚夫婦のための住宅供給・均衡のある発展のための広域経済圏の形成・首都圏規制の合理化・便利で安全な公共交通システムの整備

○**科学技術・情報通信**

・科学技術大国の建設・国際科学ビジネスベルトの形成・世界最強のデジタルKoreaの建設・通信サービス料金の20%引き下げ・情報社会における個人情報の保護と情報化の負の側面の解消

○**教育**

・皆のための創造的教育・オーダーメイド型国家奨学制度の構築・高校多様化300・大学入試の三段階自律化・英語教育の完成・基礎学力・正しい人間・責任教育・大学官治の完全撤廃・就職率100%の大学プロジェクト・グローバルな研究支援システムの構築・20歳から80歳までの生涯学習プラン

○**保健・福祉**

・人生のステージに合わせた総合的な保健・福祉システムの構築・出産から進学まで「Mom & Baby プラン」推進・癌・重症疾病の保障拡大と

医療安全網基金の設置・高齢者の3大苦痛の解決・認知症・脳卒中の高齢者のための医療療養保障システムの整備・老後の所得保障のための年金制度改革・総合サービス「希望福祉129センター」の運営・保健・医療・製薬・漢方（韓方）の国家戦略産業の育成・障害者の権利保障のための保健・福祉サービスの拡大・肥満退治など予防的健康管理システムの構築・食卓の安全保障・貧困再生産の断絶

○労働

・労・使・民・政の協調・非正規雇用の不合理な差別待遇の解消・青年失業者の半減

○環境

・環境産業の輸出戦略・青い韓半島（Green Korea）づくり・地球温暖化対策のための温室効果ガス削減・生ゴミ回収および使い捨て規制の改革・きれいな空気でアトピーをなくす・きれいな水道水の供給

○女性・青少年・家族

・女性の雇用拡大・男女平等の実現・家族愛・家事の分担・多文化・脱北者家族の支援および少数者の人権の保障・暴力のない安全な社会・校内暴力の根絶と子どもの安心通学・未来のエンジン、青少年育成・グローバル青年リーダー10万人養成

○文化・芸術・スポーツ・観光

・創造文化大国の実現・文化圏の拡大・「Designed in Korea」素敵な韓国・アジア文化ハブ「文化創作発電所」の建設・外国人投資・サービスおよび観光産業の活性化・国民スポーツクラブおよびスポーツ産業の育成・言論の自立性と公正性の確保

○統一・外交・国防

・MB（李明博）ドクトリン：韓国外交7大原則・非核・開放・3000構想・ナドル島構想・未来型最先端精鋭軍の育成・新世代の兵営環境と福祉の改善・殉職将兵に対する国家責任の強化

○公共

・法の支配する一流国家建設・「ブラックマネー、税金の無駄遣い、脱税」の駆逐・節約しつつも有能な実用政府の実現・自律した地域経済と実践的地方自治の実現・公企業の民営化と経営効率化の同時推進・行政規制の撤廃・総合安全管理体制の構築・在外国民保護の強化

○主要政策の推進計画および財源調達方策：略

編者
曽根泰教
日韓交流国際学術大会実行委員会

日韓比較―マニフェストで自治・国政は変わったか

2009年11月20日　初　版第1刷発行　〔検印省略〕

定価はカバーに表示してあります。

編者©曽根泰教・日韓交流国際学術大会実行委員会／発行者 下田勝司　印刷・製本／中央精版印刷

東京都文京区向丘1-20-6　郵便振替 00110-6-37828
〒113-0023　TEL (03)3818-5521　FAX (03)3818-5514
発行所 株式会社 東信堂
Published by TOSHINDO PUBLISHING CO., LTD.
1-20-6, Mukougaoka, Bunkyo-ku, Tokyo, 113-0023, Japan
E-mail : tk203444@fsinet.or.jp http://www.toshindo-pub.com

ISBN978-4-88713-950-3　C0031

東信堂

（現代社会学叢書）

- 開発と地域変動―開発と内発的発展の相克　北島　滋　三二〇〇円
- 在日華僑のアイデンティティの変容―華僑の多元的共生　過　放　四四〇〇円
- 健康保険と医師会―社会保険創始期における医師と医療　北原龍二　三八〇〇円
- 事例分析への挑戦―個人現象への事例媒介的アプローチの試み　水野節夫　四六〇〇円
- 海外帰国子女のアイデンティティ―生活経験と通文化的人間形成　南　保輔　三八〇〇円
- 現代大都市社会論―分極化する都市？　園部雅久　三八〇〇円
- インナーシティのコミュニティ形成―神戸市真野住民のまちづくり　今野裕昭　五四〇〇円
- ブラジル日系新宗教の展開―異文化布教の課題と実践　渡辺雅子　七八〇〇円
- イスラエルの政治文化とシチズンシップ　奥山眞知　三八〇〇円
- 正統性の喪失―アメリカの街頭犯罪と社会制度の衰退　G・ラフリー　室月誠監訳　三六〇〇円

（シリーズ社会政策研究）

- 福祉国家の社会学―21世紀における可能性を探る　三重野卓編　二〇〇〇円
- 福祉国家の変貌―グローバル化と分権化のなかで　小笠原浩一・武川正吾編　二〇〇〇円
- 福祉国家の医療改革―政策評価にもとづく選択　三重野卓・近藤克則編　二〇〇〇円
- 共生社会の理念と実際　三重野卓編　二〇〇〇円
- 福祉政策の理論と実際（改訂版）福祉社会学研究入門　三重野卓・平岡公一編　二五〇〇円
- 韓国の福祉国家・日本の福祉国家　武川正吾・キム・ヨンミョン編　三二〇〇円
- 改革進むオーストラリアの高齢者ケア　木下康仁　二四〇〇円
- 認知症家族介護を生きる―新しい認知症ケア時代の臨床社会学　井口高志　四二〇〇円
- 新版　新潟水俣病問題―加害と被害の社会学　飯島伸子・舩橋晴俊編　三八〇〇円
- 新潟水俣病をめぐる制度・表象・地域　関　礼子　五六〇〇円
- 新潟水俣病問題の受容と克服　堀田恭子　四八〇〇円
- 公害被害放置の社会学―イタイイタイ病・カドミウム問題の歴史と現在　飯島伸子・渡辺伸一・藤川賢編　三六〇〇円

〒113-0023　東京都文京区向丘1-20-6　TEL 03-3818-5521　FAX03-3818-5514　振替 00110-6-37828
Email tk203444@fsinet.or.jp　URL:http://www.toshindo-pub.com/

※定価：表示価格（本体）＋税